全国政协
委员科学讲堂文集

（第一辑）

全国政协办公厅　编

2023 年 9 月 15 日，全国政协"委员科学讲堂"首场讲座暨启动仪式在全国政协礼堂举行

2023 年 9 月 15 日，施一公委员讲述"生命科学之美"

2023 年 11 月 10 日，潘建伟委员讲述"从爱因斯坦的好奇心到量子信息科技"

2024 年 1 月 5 日，朱松纯委员讲述"为机器立心：迈向通用人工智能"

2024 年 4 月 2 日，武向平常委讲述"理解宇宙"

2024 年 5 月 17 日，赵宇亮委员讲述"纳米科技前沿与产业化：以科技创新培育新质生产力"

2024 年 6 月 26 日，周忠和常委讲述"进化论与人类未来"

2024 年 9 月 25 日，曹健林委员讲述"同心协力，补短扬长，开拓中国特色的集成电路产业发展道路"

2024 年 11 月 19 日，朴世龙常委讲述"'双碳'目标与生态系统固碳"

2024 年 11 月 28 日，张杰常委讲述"用激光聚变点亮未来"

2023 年 9 月 15 日，现场观众与委员互动交流

2024 年 4 月 2 日，现场观众与委员互动交流

目　录
CONTENTS

由表及里、深入浅出，朱松纯委员从介绍通用人工智能的基本特征出发，回顾人工智能发展历史，阐述通用人工智能的科研范式，对"小数据、大任务"技术路线进行对比分析，既讲到了以人文社科思想为机器立心，破解人工智能安全难题，又谈到了通过人工智能赋能人文社科研究，开辟新的理论工具；既分析了中国文化思想与通用人工智能的关系，又讲到了"心"和"理"在通用人工智能中的表征。

宇宙是谁？宇宙从哪里来？宇宙要到哪里去？三个问题一抛出，立刻引起了大家的兴趣。武向平常委时而类比、时而举例，简洁生动地介绍了宇宙的大小、宇宙的历史进程、宇宙的演化等知识。除了讲解宇宙结构的起源、演化和命运，武向平委员还介绍了许多宇宙的未解之谜和现代天体物理学面临的挑战，并鼓励大家积极探索未知领域："科学的生命力在于它从不承认自己绝对正确。"

由浅入深，循循善诱，引人入胜，赵宇亮委员以广博的学识、平易的语言，为大家揭开了纳米科技的神秘面纱。他从纳米尺度的重大意义引入纳米科学与科技发展的关系；从纳米科技的两大支柱——纳米材料和原子制造技术，讲解了纳米科技在提高生产生活质量、增进生命健康福祉等方面的重大作用；从科技成果转化角度，阐述了纳米科技在推动新质生产力发展方面的广阔前景。

从"达尔文与拉马克的区别""进化论的常见误解"到"进化有方向性、进步性"，从"生命的起源""我们是谁"到"我们今天在哪里""我们向哪里去"，周忠和常委用自己专业的学科知识带领大家一步步、一层层地揭开进化论的神秘面纱，了解生物进化的神奇历程。一个个深奥的命题，在他的讲解下，变得微观具象；一个个鲜活的案例，拉近了大家与进化论之间的距离。

曹健林委员从集成电路特别是整个集成电路产业链三大重要环节，设计、制造和封装测试，以及组装、装备和材料等领域的堵点难点回顾了我国集成电路产业发展的艰辛历程；从发展的优势和差距分析了我国集成电路产业的前景和趋势；从统筹教育科技人才体制机制一体改革角度提出了进一步完善新型举国体制、推动科技创新和产业创新深度融合等建议，并展望了我国集成电路产业的未来发展。

朴世龙常委从人类活动是当代气候变暖的主因讲起，引出全球各个国家应对气候变化采取的系列行动；从碳排放量的角度，指明我国实现"双碳"目标面临的三大挑战以及亟待解决的科学、技术和政府管理难点；围绕碳循环、碳收支、碳汇等方面介绍了生态系统固碳，强调要加快构建中国陆地生态系统碳汇可持续的管理体系，让大家对气候变化和"双碳"目标有了更加深刻的理解和认识。

激光聚变的原理是什么？当前国际发展现状如何？什么是双锥对撞点火方案？迈向双锥聚变能，我们面临着什么样的机遇和挑战？张杰常委从能源技术变革对人类文明进步的重要作用分析讲起，介绍了聚变能的发展历史与未来发展趋势，告诉大家聚变能是支撑人类社会可持续发展的终极能源，并展望了我国迈向聚变能时代的机遇与挑战，最后为大家描绘了双锥对撞聚变能三步走总体战略，让大家对激光聚变的前景满怀憧憬。

第一讲　生命科学之美

主讲人：施一公

　　施一公，第十三、十四届全国政协委员，中国科学技术协会副主席，西湖大学校长、讲席教授，中国科学院院士。

　　施一公委员主要运用结构生物学、生物化学和生物物理手段研究细胞凋亡的分子机制、重要膜蛋白以及细胞内生物大分子机器的结构与功能，带领研究团队在生命科学领域取得了一系列突破性进展。曾获国际蛋白质学会鄂文西格青年科学家奖（2003）、赛克勒国际生物物理学奖（2010）、谈家桢生命科学终身成就奖（2013）、瑞典皇家科学院爱明诺夫奖（2014）、何梁何利基金科学与技术成就奖（2016）、全国创新争先奖（2017）、未来科学大奖"生命科学奖"（2017）、陈嘉庚科学奖"生命科学奖"（2020）等荣誉奖项。

◇ 时间：2023 年 9 月 15 日
◇ 地点：全国政协礼堂一层大厅

主讲人寄语

　　生命科学博大精深，在本次讲座中我以结构决定功能这一宇宙间基本规律为主轴线，介绍生物物理学的一个主要分支"结构生物学"如何产生、发展、帮助人类理解世界并改进人类健康，以心血管疾病、癌症、阿尔茨海默病等三大类疾病为例诠释前沿基础研究对临床诊疗的决定性作用，点评人工智能进入生命科学研究之后在结构生物学领域的革命性突破，展望人工智能对人类未来可能的影响，最终落脚在刚刚创建的西湖大学如何应对未来：通过培养富有社会责任感的拔尖创新人才。

今天特别荣幸，也特别高兴来到全国政协"委员科学讲堂"作首场讲座。今天的讲座，我主要是想和在座的各位分享一下我对生命科学的见解，探讨生命科学在人类历史发展中，从过去到现在以及未来，会起到什么样的作用。

一、人类文明与科技发展

人类文明发展到今天，经历了一个漫长的历程。从时间和空间的维度回溯历史，看看我们所处的可视宇宙的大环境：我们所处的宇宙既有大小也有年龄，根据科学家推算，宇宙从大爆炸算起已经存在约 137.5 亿年，宇宙的直径约 930 亿光年。宇宙形成大约 2/3 的时间后，太阳系出现了，而太阳系形成之后 10 亿年左右，地球上出现了第一个我们认为可以传代的细胞。原始生命经过漫长时间的进化，出现了生物的多样性，其中恐龙很了不起，统治地球长达 1.65 亿年，而人类的直立行走历史不过 20 万年。文字的出现是人类文明的开始，至今也才五六千年。如果把整个宇宙的历史等比缩短成一个月，太阳系存在了 10 天，恐龙统治地球将近 8 小时，而人类直立行走的时间只有 1 分钟，人类语言和文字的出现不过区区 1 秒钟。大家可以想象一下，在接下来的 1 秒钟里会发生什么。

我们先看看过去的这"1 秒钟"，在人类历史上有几个典型的例子：

2000 多年之前，中国春秋战国时期形成了百家争鸣的格局，思想、文化、哲学，影响世界、传得很远。几乎在同一历史时期，地球另一侧的西方出现了古希腊，达到了另一种辉煌。在座的各位都知道，中国拥有 5000 多年悠久历史和灿烂文化，长期以来在世界上，技术可以说是领先的，从唐宋文明一直到明朝初年。明朝的官员郑和在 15 世纪初率领庞大的舰队七下西洋，创造了世界航海史上的奇迹，早于哥伦布发现北美大陆，非常了不起。尽管如此，但是在过去的三四百年里，中国的科技和发展开始落后。

这张幻灯片（图 1-1）左上角的人物叫容闳，1847 年，年仅 19 岁的他成为中国近代史上第一位留学生。他跟随他的老师布朗牧师乘坐帆船从香港出发，1847 年 1 月 5 日启程，绕过印度洋和非洲最南端的好望角，斜插大西洋，最终于 4 月 13 日抵达美国纽约港，全程历时 98 天。容闳在美国完成 3 年的预科课程后，入学耶鲁大学。取得学位后，他选择回到自己的祖国，推动留学报国。在他的推动下，第一批留美幼童，30 位年龄从 9 岁到 15 岁不等的孩子，也赴美求学。

1977 年，人类发射了一个没有商业用途的宇宙探测器——旅行者一号。这个探测器带着人类各种文明、各个族裔文化的一

图 1-1　容闳推动留学报国

些记载，向宇宙深空旅行，去探寻智慧生命的存在，同时也向宇宙中的智慧生命宣告地球和人类文明的存在。旅行者一号在旅行了 30 多年后，于 10 年前到达了太阳系的边缘。如今，从旅行者一号发出的电磁波信号，以每秒 30 万公里的速度，需要整整 22 个小时才能到达地球。大家可以想象一下，这是非常了不起的。

中国在过去几十年里，科技蓬勃发展，我们一直在大踏步追赶世界先进的科技前沿。2013 年，中国航天取得了一个标志性的成就——月球软着陆成功。我们的嫦娥三号探测器成功着陆在月球表面，并留下了关于月球表面的探测记录。

再看一个历史事件。2016 年 2 月初，两个科学组织宣布：全球 1000 多位科学家经过精诚合作，成功探测到了引力波。这件事让科学界兴奋不已。为什么呢？事情发生在大约 13 亿年前，在宇宙深空的某个角落，两个黑洞相遇，一个黑洞的质量是 31 倍太阳质量，另一个是 35 倍太阳质量。由于万有引力的作用，它们快速靠近并最终合并，在合并过程中消失了 3.5 倍太阳质量的物质，也就是 100 万个地球的质量蒸发了。那么，这些消失的质量变成了什么呢？变成了能量，以引力波的形式从宇宙深处以光速向四面八方传播，终于在 2015 年 9 月掠过地球表面——引力波以 7 毫秒的时间差先后通过北美大陆的两个距离大约 2000 公里的监测点。我们人类通过探测，竟然能够知道在宇宙深空的某个角落发生了如此宏大的事件。这是一次不可思议的科学梦幻之旅，甚至让人难以分辨，这究竟是现实还是梦幻。

通过上述历史事件，我想告诉大家，人类发展到今天，之所以有各种便利的生活，有高度文明的社会以及高度发达的医药，最终推动这一切的核心力量就是科学和技术。无论是纺织、铁路、汽车、计算机，还是如今的人工智能和生命科学，每一个产业在崛起之前，都经历了几十年的原始科学发现和核心技术突破，再经过一二十年的孕育，最终形成一个完整的产业。这些产业经历五六十年的辉煌达到鼎盛的高峰，甚至有些产业能够长盛不衰持续一二百年。今天，我们面临的是人工智能和生命科学对人类社会发展产生的推动。这就是我第一部分想简短介绍的内容。

二、什么是生命科学

第二部分简单介绍一下生命科学。什么是生命科学？生命科学的范畴非常广泛，它包括传统的、宏观的生物学，比如说农业、林业，这些大部分都属于生命科学的范畴。海洋学的一部分，进化和生态学也都是宏观生物学的研究内容。传统生物学主要研究大尺度的问题，关注宏观层面的现象。除此之外，生命科学还包括生物化学、生物物理学、遗传学、发育生物学等现代生物学的各个分支。生命科学还涵盖分子药学，任何一种现代药物的发现往往都是生命科学研究成果的结晶，也是生物学家与药物化学家合作的成果，最终制造出为人类解决病痛的创新药物。广义讲，医学也属于生命科学的一个重要组成部

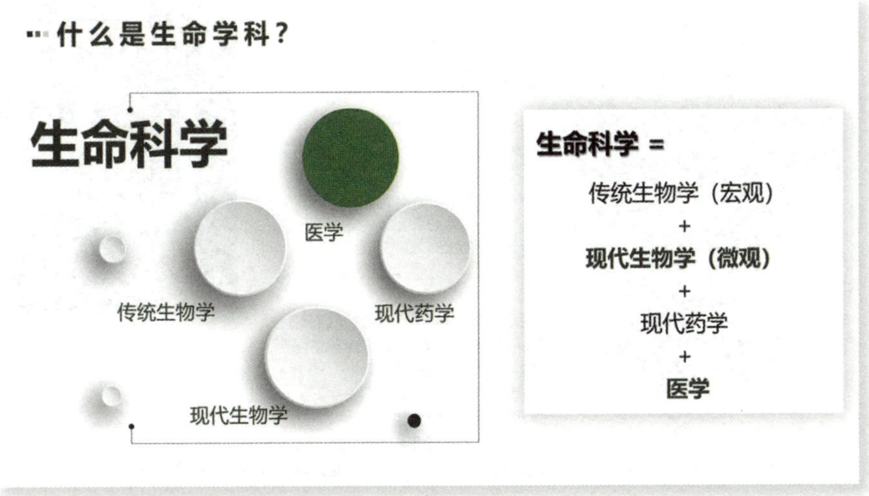

图 1-2 什么是生命科学？

分，任何一位医学院的医学生，要想学好医学，首先要学好生物学、学好生命科学。所以，生命科学的概念博大精深，它是一个涵盖了宇宙间众多科学问题的领域。

我给大家看几个数字。现代生物学，它分为几十个学科、几百个领域、几千个研究方向，涵盖了我们生活的方方面面。我们从哪儿来、到哪儿去，这些问题都属于生命科学的范畴。2005 年，《科学》杂志向人类提出了 125 个科学问题，其中将近60% 来自生命科学。两年前，上海交大与《科学》杂志合作，再次提出 125 个人类悬而未决的科学问题，其中仍然有超过一半的问题来自生命科学。实话实说，这 125 个科学问题，很多可能永远不会有答案，甚至可以说它们更像是哲学问题，但正是这些科学问题驱使着人类不断探索前行。

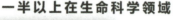

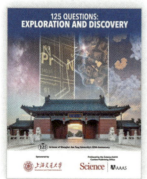

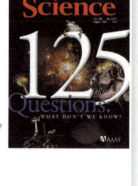

图 1-3　人类面临的 125 个重大科学问题：一半以上在生命科学领域

再举个例子，如果单看美国的情况，从 2000 年到现在，美国联邦政府对基础研究的支持，大约有 50％投入在大生命科学领域。其中，大部分是生物学，还有一小部分是基础医学和生物工程，这些都与生物学直接相关，属于交叉学科。即便是 2000 年之前，也是如此。事实上，生命科学和生物医药是全球投资最多的领域和产业之一。在美国科学院两千多位院士中，有一半以上从事生命科学领域的研究。无论从哪个角度来看，生命科学以其博大的领域和影响力，在全球科学发展中占据着重要地位。

三、结构生物学之美：眼见为实

生命科学是如此博大精深，即使作为一名长期从事生命科学研究的结构生物学家，我也无法告诉大家每一个生命科学的领域或前沿发展。今天，我主要聚焦于生物物理的一个主要分支"结构生物学"如何影响世界，并为人类带来便利。

结构生物学最大的特点就是眼见为实。你看到了、听到了，知道它长什么样，就能解释其背后的机理。正是这个特点，使得结构生物学不仅可以用于制药，还可以用来理解生命过程。这一巨大的优势，使得结构生物学在人类过去一百多年的科学发展史中占据了举足轻重的地位。其实，不仅仅是结构生物学，宇宙中最宏观的定律或规律，甚至是公理，都遵循着结构决定功能的原则。我们今天聚集在政协礼堂讨论问题，是因为有这样的房屋结构，才会有这样的会议功能。一样的道理，世界上万事万物都遵从一个普适性规律：结构决定功能。

我从宏观到微观，给大家看几个例子。宇宙尺度非常大，宇宙天体的运行规律是由宇宙结构决定的。宇宙的直径达到了930亿光年，也就是10的27次方米。我们用这个距离来衡量宇宙的广阔。我们赖以生存的恒星——太阳，它的直径大约是140万公里，而在太阳的内核，温度高达1500万摄氏度，并且有几千亿个大气压，足以把氢原子聚变成氦原子。在座的各位，尤其是年轻的同学们和朋友们，想象一下，组成我们身体的每一个原子——如果你相信现代物理学的观点，那么每一个超过氢元素质量的原子，曾经在过去的某个时刻，在恒星的内核经历过上千万摄氏度和上千亿大气压的考验，或者在恒星碰撞的过程中经历过这些极端环境。这意味着，我们身体中的每一个原子都曾经过高温和高压的考验。

地月之间的距离大约为38万公里，这还不到太阳直径的三分之一。地球的直径约为1.3万公里，它是我们存在的蓝色海洋星球，在这个星球上生活着千千万万的物种，拥有着丰富的生物多样性，并且一切都遵循着结构决定功能的根本规律。如果我们将空间尺度缩小10个数量级，进入到我们身体的内部，看看我们的细胞。红细胞的大小大约是10微米，我们可以用光学显微镜看到它。然而，当我们深入到细胞内部，想了解其结构，比如蛋白质、核酸、磷脂和各种蛋白质机器时，不仅肉眼无法看到，即便使用简单的光学显微镜也无法清晰观察到。尽管如此，但在我们的细胞里，各种功能依然存在，且这些功能和结构极其精美，展现出生命的复杂与奇妙。

我举一个小例子，这张幻灯片（图1-4）左上角的美丽海滩，它是用活的大肠杆菌画出来的。我们让大肠杆菌表达不同的绿色荧光蛋白质突变体，这些突变体可以产生绿色、红色以及各种颜色的荧光，最后在激发光下展现出五颜六色的效果，很漂亮。我们可以利用绿色荧光蛋白标记细胞、神经元，甚至写出TSIEN LAB（钱实验室）。钱永健先生因发现绿色荧光蛋白的应用而获得了2008年诺贝尔化学奖。人类对绿色荧光蛋白这一小小蛋白质的发现与应用，使其在基础研究、应用研究甚至制药领域得到了广泛应用。比如，我们可以用绿色荧光蛋白研究果蝇的24小时节律。我们还可以用它研究药物代谢。作为一名生

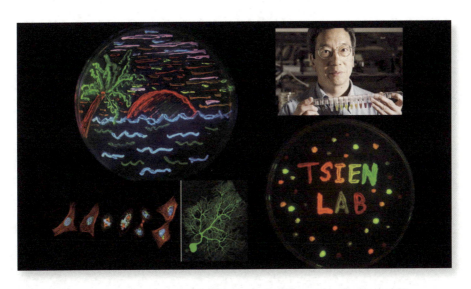

图1-4　美籍华裔生物化学家钱永健对绿色荧光蛋白进行改造与研究

物物理学家，我也会运用生物物理学的方法来解析绿色荧光蛋白的空间三维结构。据我所知，绿色荧光蛋白的绿色荧光基团是人类已知的第一个非外源性有机发光分子，它通过三个氨基酸在高度疏水的环境下，进行自催化反应形成绿色荧光基团。这在科学上是一个很有趣的发现。其实在自然界中，类似的蛋白质应该有千千万万种，但我们目前知道的仍然非常有限，这也为在座的各位同学未来的探索留下了广阔的空间。

我们再往前走一步，深入到蛋白质内部，看到氨基酸、原子甚至电子的层次。这时，我们需要借助特殊的技术手段，利用与微观尺度一样波长的一种射线，即 X 射线。X 射线的发现和应用是人类历史上过去 100 多年来的一项巨大科学突破。

1895 年，德国科学家伦琴发现了 X 射线。X 射线强大的穿透力很快让伦琴和医学界意识到，它可以应用于医学领域的病理检测。至今，X 射线在各大医院的放射科仍然被广泛应用。因此，伦琴获得了 1901 年诺贝尔物理学奖，是第一位诺贝尔物理学奖得主。X 射线不仅能穿透物质，而且当它遇到有序排列的食盐晶体或任何小分子晶体时，还会发生衍射现象，改变入射方向并形成光斑。这一发现对于我们探索未来世界非常重要。为什么呢？因为任何一个规整排列的晶体，无论是小分子还是大分子，它的衍射图谱都和它的结构直接相关。马克斯·冯·劳厄，这位德国科学家在 20 世纪初发现了食盐晶体可以衍射 X 射线。他意识到，这种衍射图谱包含了大量的信息，并最终因为这一发现获得了 1914 年诺贝尔物理学奖。劳厄非常希望了解衍射规律以及衍射图谱和物质结构的关系，但未能成功。这项工作是由一对英国的父子科学家完成的，也就是大家熟知的"布拉格父子"。他们因为发现了衍射规律和成像规律，于1915年获得了诺贝尔物理学奖。当时，劳伦斯·布拉格年仅25岁，至今仍是最年轻的诺贝尔科学奖得主。布拉格公式非常简单，相信在座各位一看就能理解，这是一个可以通过简单数学推导得出并证明的物理公式。

这张幻灯片（图1-5）显示，两束光照射到两层晶格表面，由于它们具有相位，当它们的光程差是整数倍波长时，光强可以叠加，两束光在强度强的时候可以叠加变得更强。因此，整数倍的波长与晶格的关系可以用这个公式表示：$n\lambda = 2d\sin\theta$，其中 λ 是波长，d 是晶格间距，θ 是入射角，n 是整数。这是一个

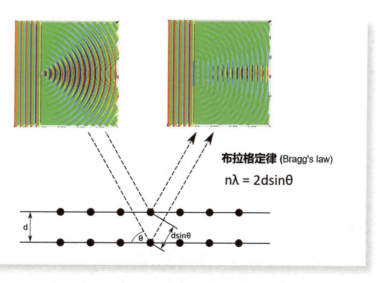

图1-5 布拉格公式：描述 X 射线在晶体中发生衍射条件的数学表达式

简单的成像规律。在三维空间中的晶体内，将这个规律与傅里叶变换结合，就能预测衍射点的位置和强度，也就是衍射图谱。反过来，如果我们首先得到了衍射图谱，进行反傅里叶变换后，就能得到晶体中各个原子的精确位置。这一过程称为晶体衍射学。通过这种方式，我们能够探知人类肉眼和光学显微镜无法看到的微观世界。

当然，像这样的晶体，无论是食盐晶体还是蛋白质晶体，它们的尺寸都非常小。蛋白质晶体通常需要在盖玻片上生长，和沉淀剂混合，晶体的大小通常只有几微米到几十微米。然而，即便是这样小的晶体，因为内部规整排列，具有偏振光的性质。也就是说，当平面偏振光通过这些规整排列的蛋白晶体时，它会改变传播方向，形成五颜六色的效果。将这样的晶体放在 X 射线的入射方向上，根据布拉格公式，X 射线会被晶体偏转到不同的方向，形成衍射光斑和衍射图谱。通过不断改变晶体的位置，可以得到不同的衍射图谱。通过计算机分析这些衍射图谱，我们会得到什么信息呢？那就是电子密度图。电子密度图显示了每一个原子周围电子的分布，通过对电子密度图的大小和连接方式的分析，我们可以将每个原子的位置信息精确放入结构中，形成氨基酸，然后这些氨基酸连接起来形成蛋白质。我们可以用蛋白质结构来解释生命现象，获取制药的信息，改进药物设计的信息，造福人类。

因为蛋白质、X 射线的发现以及衍射规律的揭示，人类对微观世界的理解前进了一大步。20 世纪 50 年代初，詹姆斯·沃森和弗朗西斯·克里克分析了伟大的女性科学家罗莎琳德·富兰克林的 DNA 纤维的 X 射线衍射图谱，并基于此推演出了 DNA 双螺旋结构的假设，这一假设最终得到了验证。1962 年，沃森和克里克因此分享了诺贝尔生理学或医学奖，这是一个非常了不起的发现。这一发现标志着人类进入了分子生物学时代，标志着人类进入了真正的现代生物学时代。我们对生命现象的理解，不再局限于简单的描述、简单的观察、简单的光学显微镜，而是能够从分子、原子层面去解释生命。

获得 1962 年诺贝尔化学奖的两位生物物理学家是马克思·佩鲁茨和约翰·肯德鲁，他们获奖的原因是运用 X 射线晶体衍射技术成功揭示了蛋白质的结构。最初，他们研究的是抹香鲸的肌红蛋白，后来又研究了血红蛋白。他们的这一发现，尤其是在 1958—1962 年，在人类科学界引起了巨大的轰动。事后看来，他们似乎是揭示了蛋白质结构，但我想告诉大家，在 20 世纪二三十年代，甚至直到 40 年代末，我们的科学家普遍认为蛋白质的功能主要是提供细胞的黏稠度，而且科学家们还认为蛋白质形态都是一样的，像美式橄榄球一样呈椭球形。当时人们并未意识到，蛋白质形状各异，有特异的分子功能，实际上是生命活动根本的执行者。什么意思呢？在每个人的身体里、每一个细胞中，遗传物质，也就是 DNA，尽管对生命至关重要，但它的数量很少，分布也很小。大家想一想，从受精卵开始，卵子和精子结合后，只有 23 对染色体作为遗传物质，但随着生命的发育，成年人的细胞和组织数量大增，功能也变得复杂强大。那么，谁在执行这些功能呢？蛋白质。我们能够讲话、表达情感、行走奔跑，这些基本功能都离不开蛋白质的作用。蛋白质必须具备各种各样的性状、功能和特异性，才能支持生命的多样性和生命的存在。这两位科学家从根本上证明了这一点，他们因此被誉为现代分子生物学之父。

1971 年，科学家们认为结构生物学和生物物理学即将迎来飞跃，于是创建了蛋白质数据库。刚创建的时候，这个数据库里只有 11 个蛋白质的结构，今天早上我在来的路上做了网络搜索，目前数据库中的记录已达到 209611 个，涵盖了通过实验手段检测到的大分子结构，包括蛋白质、核酸、大复合物等。我可以很负责任地告诉大家，这个数据库是我们人类在过去几十年里理解生命的主要依据之一。

我举一个例子来说明为什么获得结构信息后能够造福人类，

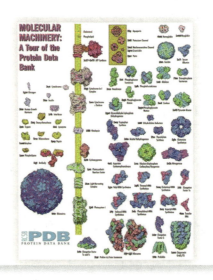

图 1-6 蛋白质数据库（Protein Data Bank）

这与疾病直接相关。20 世纪八九十年代，艾滋病对人类的肆虐，让每个人都感到非常焦虑。1996 年，出现了一种特效药物——利托纳韦，这个药物之所以今天提到，是因为它在新冠病毒防治中也有应用。它是如何治疗艾滋病的呢？实际上原理非常简单：艾滋病病毒成熟的颗粒从宿主细胞中出来后，会感染新的宿主细胞。一旦进入细胞，病毒首先合成一个长链蛋白。这个长链蛋白需要通过病毒自身携带的蛋白酶切割成四个不同的小蛋白，只有这样，艾滋病病毒颗粒才能在宿主细胞内组装、成熟，最终从宿主细胞中出来，感染新的宿主细胞，这个过程就是艾滋病的发病过程。在 80 年代后期，科学家们成功解析了艾滋病病毒蛋白酶的结构。结构解析后，科学家们发现蛋白酶内有一个结合底物的空腔，可以用于结合药物小分子。于是，科学家们设计了一个蓝色的小分子，将其结合到蛋白酶的空腔中，阻止了蛋白酶切割长链蛋白。这个原理其实是一个非常简单的物理学道理，通过空间位阻，使得艾滋病病毒无法成熟，从而无法感染新的宿主细胞。这也说明了为什么结构生物学叫"眼见为实"，因为看到了艾滋病病毒的蛋白酶结构，找到了空腔，设计了小分子，眼见为实，所以最后产生了巨大的功效。1996 年，利托纳韦投产并在美国上市后，在两年内将美国的艾滋病死亡率降低了近70%。这就是科学基础研究推动医药发展的一个典型例子。

总结一下，什么是结构生物学呢？其实非常简单，就是通过微观层面的结构解析来理解生命、帮助制药，推动人类文明发展进步。结构生物学的主要手段包括 X 射线、晶体衍射学。

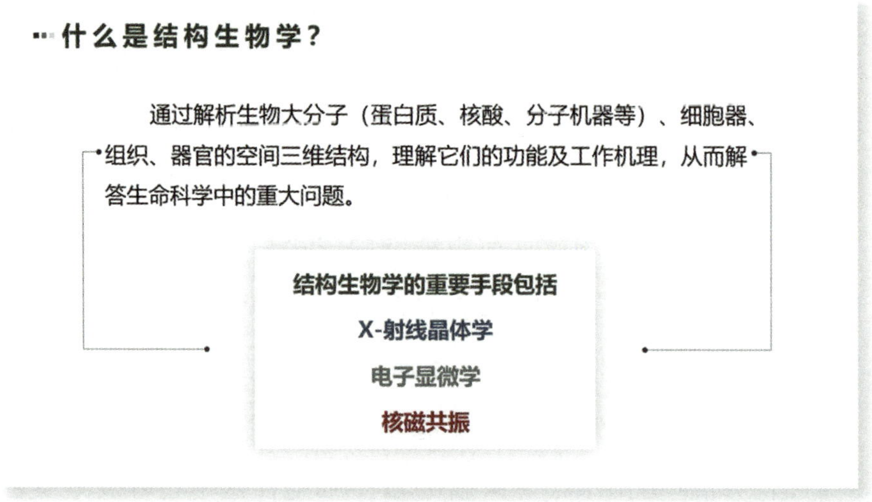

▪ 什么是结构生物学？

通过解析生物大分子（蛋白质、核酸、分子机器等）、细胞器、组织、器官的空间三维结构，理解它们的功能及工作机理，从而解答生命科学中的重大问题。

结构生物学的重要手段包括

X-射线晶体学

电子显微学

核磁共振

图 1-7　什么是结构生物学？

此外还有一个手段，这个手段太重要了，就是电子显微学，这是我 10 年前可能不会与大家分享的内容。今天我给大家简单介绍一下电子显微学，用电子显微镜如何看物质结构。电子显微镜的历史已经很久了，相信大家都听说过，20 世纪 30 年代，德国科学家鲁斯卡设计了电子显微镜，他也因此获得了 1986 年诺贝尔物理学奖。然而，电子显微镜一直在科研的"后排座椅上"，直到 2012 年、2013 年，电子显微镜技术取得了一个巨大的突破，使得我们能够清晰地看到微观世界。电子束透过蛋白质或其他微观大分子时，会留下二维图像，当蛋白质不断改变位置时，会留下不同的二维投影。通过将这些二维投影结合在一起，三维结构就能够被重构，就像我们通过从三个不同方向看一个积木，就能猜出它的形状。这个非常简单的三维重构技术，因为2013 年冷冻电镜分辨率的革命，让我们能够看到非常清晰的图像。我们找到了直接的电子检测装置，可以记录每个电子撞击到装置上的位置。也就是说，像素越小，分辨率越高。这带来了前所未有的变化，几乎在一夜之间，电子显微镜使我们能够看到物质的结构，分辨率从几纳米提升到了零点几纳米，甚至接近 0.1 纳米。在不久的将来，我们可能会突破 0.1 纳米的极限。这次电子显微镜的技术革命对于生命科学来说是根本性的改变。比如，在我自己的实验室，以前可能 10 个博士生花费 10 年时间也无法完成的课题，现在因为冷冻电镜的出现，可能只需要 1 个博士生 1 个星期就能完成。这是一次根本性的革命，不仅会影响生物物理学、结构生物学，也会影响整个生命科学，甚至影响将来人类的医药发展。

作为一名一线科学家，在这次革命到来之前，我凭借自己的判断，提前进行布局，在革命刚刚出现时赶上了第一班车，也作出了一项已经写进教科书的重要科学贡献，那就是剪接体。我给大家简单介绍一下：地球上所有生物都遵循中心法则，在细胞内有两步基本过程，第一步是遗传物质 DNA 转化为 RNA，第二步是 RNA 转化为蛋白质。第一步叫转录，第二步叫翻译。然而，在真核生物中，这个过程分成了三步。什么是真核生物呢？所有高于酿酒酵母的生物都属于真核生物，比如人类、鱼类，所有你能看到的都是真核生物。在真核生物中，这三步的第一步是转录，DNA 变成前体信使 RNA，但是前体信使 RNA 不能直接翻译成蛋白质，它必须经过一步剪接才能变成成熟的信使 RNA，然后翻译变成蛋白质，执行生命功能。第一步的转录由

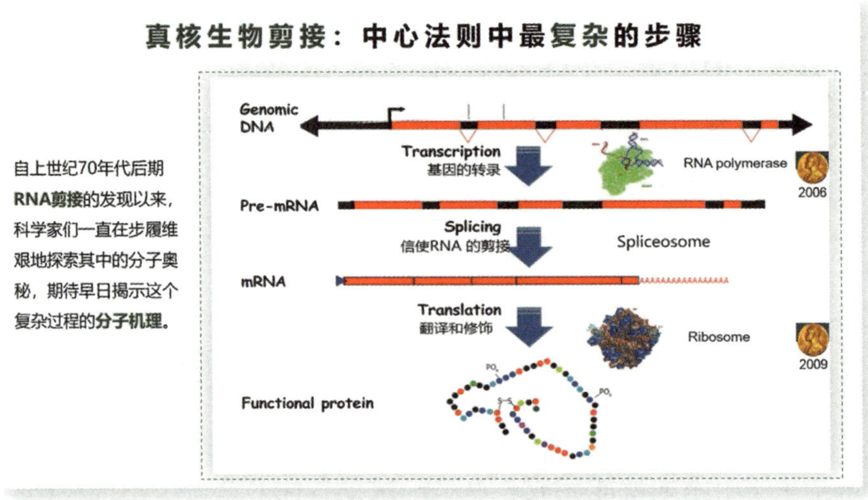

真核生物剪接：中心法则中最复杂的步骤

自上世纪70年代后期 **RNA剪接**的发现以来，科学家们一直在步履维艰地探索其中的分子奥秘，期待早日揭示这个复杂过程的**分子机理**。

图1-8　真核生物剪接：中心法则中最复杂的步骤

RNA 聚合酶执行。第三步的翻译涉及从成熟的信使 RNA 转变成蛋白质，这一过程的结构也得到了清晰的解析。而第二步的剪接则是这三步中最复杂且最困难的一步。

从 1977 年科学家发现剪接现象开始到 2015 年，我们一直在努力获取剪接体的结构信息。但这个大分子机器非常复杂、灵活，且非常难以纯化，各种技术难题交织在一起。直到冷冻电镜技术的出现，我们非常幸运地获取了剪接体的结构信息。我和当时在我清华实验室的三位博士生——闫创业、万蕊雪、杭婧，以及后来加入我实验室的几位博士生们一起合作，我们解析了世界上第一个原子分辨率的剪接体结构。应该说，这一研究较为完美地解释了剪接体是如何对前体信使 RNA 进行剪接的。

四、生命科学基础研究之美：推动医药创新

讲完生命科学中的结构生物学后，我再给大家介绍一下生命科学之美的另一个展现——通过基础研究如何从根本上战胜疾病、治疗疾病。我想大家一定都知道，人类与疾病斗争的历史经历了三大阶段——古代：在黑暗中摸索；近代：科学方法论的曙光；现代：基础研究推动疾病治疗。

第一阶段，从远古开始，我们通过经验总结，发展出各种民族医药。中华医药尤其发达，直到今天，我们依然深受其益。例如，古代药典中对青蒿治疗疟疾的描述。传统中药一般需要煎熬或用热水泡制，但在中国古代的药典中，青蒿的使用方法是："青蒿一握，以水二升渍，绞取汁，尽服之"，没有加温或

图1-9 人类与疾病斗争的历史

加热。在 20 世纪 60 年代末 70 年代初，屠呦呦先生意识到低温提取青蒿素的方法，从中提取出有效成分青蒿素，这项突破挽救了许许多多患者的生命。屠呦呦先生因此获得了 2015 年诺贝尔生理学或医学奖。这就是通过经验积累对付疾病的一个例证。直到近代，科学方法论才开始发挥作用，通过科学实验和规律总结来发现药物。经典的例子，比如青霉素的发现。实际上，只是在过去的三四十年里，我们才开始真正通过生命科学的前沿基础研究的突破进行制药研究，并从根本上对人类面临的三大疾患产生影响。

哪三大疾患？根据统计数据，人类面临的三大疾患，第一是心血管疾病，在中国，每年因心血管疾病死亡的人数接近 500 万；第二是癌症，它是一种非常严重的疾患；第三是神经退行性疾病，这种疾病给患者带来巨大痛苦。在神经退行性疾病中，阿尔茨海默病占了大约三分之二的比例。阿尔茨海默病的发病率非常高，到了 80 岁以后，发病率超过三分之一，而到 85 岁时，根据统计数字，这一比例接近 50%。人类若想实现长命百岁，就必须攻克这三大疾病。目前，这三大疾病的基础研究都有了巨大进展，要么已有有效的药物出现，要么药物正在研发的路上。

对于第一类疾病，我认为，心血管疾病已经基本可控。可控的原因在于，我们已经深入了解了心血管疾病的前因后果，几乎可以对所有的心血管疾病进行有效的药物控制。20 世纪 70 年代，戈尔茨坦和布朗两位科学家发现了低密度脂蛋白受体（LDL 受体）。在血管内皮细胞表面，LDL 受体与低密度脂蛋白

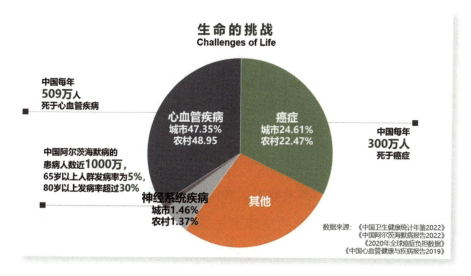

生命的挑战
Challenges of Life

中国每年
509万人
死于心血管疾病

中国阿尔茨海默病的
患病人数近**1000万**,
65岁以上人群发病率为5%,
80岁以上发病率超过30%

心血管疾病
城市47.35%
农村48.95

癌症
城市24.61%
农村22.47%

中国每年
300万人
死于癌症

神经系统疾病
城市1.46%
农村1.37%

其他

数据来源:《中国卫生健康统计年鉴2022》
《中国阿尔茨海默病报告2022》
《2020年全球癌症负担数据》
《中国心血管健康与疾病报告2019》

图 1-10　人类面临的三大疾患

(LDL)结合后,会通过内吞作用进入细胞,最终 LDL 被降解,LDL 受体可以循环使用。这一突破性发现不仅为两位科学家赢得了 1985 年诺贝尔生理学或医学奖,而且为人类提供了 LDL 如何被结合、降解及调控的重要信息。这个过程的发现推动了该领域基础研究的迅速进展。在细胞内有一条胆固醇合成通路,也是长链脂肪酸的合成通路。我们人体中的 LDL,只有一小部分——大约 20%,来自食物,绝大部分——80%,来自我们自身细胞的合成。这个合成过程最终生成胆固醇。为了减少低密度脂蛋白和胆固醇的含量,我们需要阻断这条合成通路。那么如何阻止呢?科学家发现,通路中的限速酶是关键,必须抑制这个酶的活性,才能减少胆固醇的合成,这就是他汀类药物的作用机制。

同样是在 20 世纪 70 年代，日本科学家远藤章通过筛选 6000 多种藻类，发现了第一个他汀类药物——美伐他汀。这种药物在临床上可以显著降低 LDL 和胆固醇水平。我可以告诉大家，所有的他汀类药物都是通过抑制同一个限速酶——HMG-CoA 还原酶来起作用。其中最有效的他汀类药物之一是阿托伐他汀，它在全球范围内销售，不仅帮助了很多病人减轻病痛、挽救了生命，还带来了巨大的商业收益。2011 年，在阿托伐他汀的专利过期前，这款小分子单药的全球销售额达到了 165 亿美元。然而，有些人服用他汀类药物后，血脂降低效果并不显著。这是为什么呢？这时基础研究又给出了解答：科学家们发现，血液中还有一种蛋白质——PCSK9。PCSK9 蛋白在血液中结合 LDL 受体，在 LDL 受体结合 LDL 并内吞的过程中，PCSK9 也随之内吞到细胞内。当 PCSK9 存在时，LDL 被降解，而 LDL 受体也会被降解，导致血液中的 LDL 受体减少。这就意味着，低密度脂蛋白（LDL）通过食物摄取和自身合成大量堆积在血管内，这可能引发各种心血管疾病，包括脑卒中、心肌梗死等，非常危险。既然知道了 PCSK9 的作用，科学家们迅速行动，与医药公司合作，开发了至少两种不同的抗体大分子，来阻断 PCSK9 与 LDL 受体的结合。这些药物目前已经应用于临床，造福人类。PCSK9 的发现归功于海伦·霍布斯，她对人类健康作出了重要贡献。

对于第二类疾病，有些癌症已经可治。一个著名的例子是美国前总统卡特。2015 年 8 月 20 日，卡特告诉他的朋友们他被诊断为黑色素瘤晚期，并且已经扩散到全身，脑部有四个肿瘤。

然而，仅仅在三个半月后，12 月 6 日，经过抗体免疫疗法（Anti-PD1），同时进行靶向放疗，卡特全身的肿瘤全部消失。到了第二年的 3 月，他不再服药，已经免于任何肿瘤的侵扰。我想告诉大家，这种癌症抗体免疫疗法的出现，完全得益于基础研究的突破。这个基础研究的结论其实非常简单：我们每个人的身体都有一个强大的免疫系统，它不仅消灭外源异物，还监测身体内部的变化。当人体细胞发生癌变时，细胞会表现出不同的特征，癌细胞表面会出现特异性的抗原，T 淋巴细胞能够识别这些抗原并消灭癌细胞。癌细胞在突变过程中会不断进化，并通过表达 PD-L1 蛋白，使得自身能够与 T 淋巴细胞表面的 PD-1 受体结合，形成相互结合的结构。一旦这种结合发生，癌细胞便告诉 T 淋巴细胞："我是朋友，不是敌人"，从而让 T 淋巴细胞停止攻击

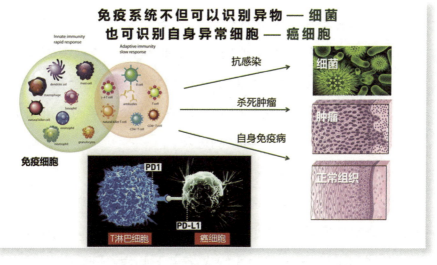

图 1-11　免疫系统不但可以识别异物——细菌，也可识别
自身异常细胞——癌细胞

癌细胞。那么，人类该怎么办？通过研究发现，PD-1 来自 T 淋巴细胞，而 PD-L1 是癌细胞的蛋白。基于这一发现，科学家们设计出了抗体分子，用大分子抗体阻断 PD-1 与 PD-L1 的结合。如今，在临床上，既有 Anti-PD-1 阻止 T 淋巴细胞识别癌细胞，也有 Anti-PD-L1 阻止癌细胞与 T 淋巴细胞接触。这两类抗体疗法已经在临床中得到了非常好的应用。基础研究的突破让这些科学家获得了应得的荣誉，美国科学家詹姆斯·艾利森和日本科学家本庶佑因癌症免疫治疗的基础理论突破，获得了诺贝尔生理学或医学奖。但我特别想说，中国科学家陈列平，现在是耶鲁大学癌症免疫治疗中心的主任，他是把癌症免疫疗法推向临床的最重要推手之一，非常了不起。

癌症免疫疗法的出现离不开基础研究，此外，单克隆抗体的制备方法的发现也是基于基础研究。1975 年，科赫勒和米尔斯坦两位科学家发现了单克隆抗体的制备方法。9 年后的 1984 年，他们分享了诺贝尔生理学或医学奖。40 年后，这项突破成就了价值接近 3000 亿美元的大分子医药市场——单克隆抗体药物。所以，规律非常简单：基础研究，特别是生命科学的基础研究的突破，改变世界，推动人类文明进步。

对于第三类疾病，我认为，神经退行性疾病已经有了希望。全球约有五千万的神经退行性疾病患者，其中大部分是阿尔茨海默病患者，每四秒钟就会出现一个新患者。如果按照这一趋势，预计到本世纪中叶，1.3 亿人将患上此病。阿尔茨海默病是一种非常痛苦的疾病，如果做尸检，大家可以看到病人的脑部组织已经出现严重缺损，病人到后期生活无法自理、不认识自己的亲人。基础研究科学家能做什么呢？通过生命科学的基础研究突破，在原子和分子水平上理解为什么会发病，从而找到潜在的药物。我的实验室从 2003 年开始深入这一领域，2015 年在清华大学，我们首次取得了一个重大突破，解析了人源 γ - 分泌酶的空间三维结构。利用冷冻电子显微镜，我们可以看到包含一千多个氨基酸的大蛋白质的空间布局。这个大蛋白的作用是什么呢？它主要是对前体蛋白 APP 进行切割，将其切割成一段一段的蛋白肽段，这些肽段在人的脑脊液中堆积，最终形成淀粉样沉淀。直到今天，大多数来自各大医院的神经内科医生都认为，淀粉样沉淀是诱发阿尔茨海默病的直接原因。我们解析这个结构以后，欣喜若狂。随后几年，通过对 γ - 分泌酶的生化性质、抑制剂的研究以及底物切割的研究，我们已经对其生化性质了如指掌。艺术求美，科学求真，科学的真到最后是极致的美。通过这些科学研究，我可以告诉大家，我们认为 γ - 分泌酶可能是诱发阿尔茨海默病的辅助原因，甚至淀粉状沉淀并不是最直接原因，仅仅是其中一个因素。虽然这个突破表面上看似让我们回到了原点，但实际上是大大前进的一步，因为我们现在知道，再往前走，应该怎么样去找靶点，找什么样的蛋白。

现在我们对阿尔茨海默病的发病机理的理解仍然非常粗浅，没有任何药物能够根治这个病，也没有任何药物能够逆转病情。我们所能做的，顶多是减缓发病过程。那么，往前该怎么走？

像我这样的做基础研究的科学家将会全力以赴向前探索。我们每个人体内都有 ApoE2、ApoE3、ApoE4 中的两个基因，如果一个人同时携带两个 ApoE3，其患病几率是平均水平；但如果携带的是 ApoE4，患病几率会增加几倍甚至十几倍，非常危险，这种差异仅仅来源于一个氨基酸的区别。我们想，或许有一天我们能够找到一个细胞表面受体，能够结合 ApoE4，不结合 ApoE3，也许这样的受体就是我们将来往前走发现药物的一个有效的线索。

去年年底、今年年初，我的实验室成功找到了 ApoE4 的受体，并通过冷冻电镜解析了它的空间三维结构。目前，我的实验室正在验证这一结果。我特别想和大家强调，科学要经得起考验。到今天为止，我都不敢告诉大家说这一发现一定能够研发出药物，或者一定是正确的。任何一个科学发现必须放在更大的范围接受全世界的检验，我的实验室也在检验这样一个科学发现。我们希望能重复结果、找到真正的致病机理，最后去分子制药。

这部分讲得很多，因为生命科学基础研究推动医药创新发展，是人类的主旋律。

五、未来：持久的挑战与无限的可能

接下来介绍另一个巨大的科学浪潮的出现，它让大家意识到我们面临的挑战和今后无限的可能。这项科学的第一缕光线出现在 2006 年，当时来自多伦多大学的杰弗里·辛顿发表了一篇基础研究论文。他受到包括果蝇视神经在内的神经科学研究成果的启发，创造出了全新的人工智能理论——神经网络。神经网络具有多节点，可以前后反馈，每个节点跟其他节点相连。这篇基础研究论文在 2006 年并没有引起广泛关注，但是 10 年后，第一个"炸弹"出现了。在讲这个故事之前，我要告诉大家，我这个年纪的人都对围棋有着深厚的感情。20 世纪 80 年代的中日围棋擂台赛，后来发展成中日韩三国围棋赛，牵动了每个中国人的心。我们有一位了不起的围棋高手——聂卫平，他创造过 11 连胜的纪录。1997 年，当看到强大的计算机——深蓝击败了国际象棋世界大师时，我们认为那是可以预料的，因为国际象棋的局面相对有限，计算机通过推演就能做到。我们当时并不认为计算机或人工智能有一天能够击败围棋九段高手，更别说世界冠军。但在 2016 年，来自谷歌的 AlphaGo 第一次与人类对战，以 4∶1 的比分击败了围棋世界冠军李世石。我们震惊的同时，也在思考如何应对这样的人工智能。一年后，就在人们还没想清楚的时候，AlphaGoZero 毫无悬念地以 5∶0 击败了柯洁，并且它能够以 100∶0 击败世界上任何围棋九段高手。甚至听说它可以让九段高手 1 子、2 子，也能轻松取胜。如果说 AlphaGo 是通过学习过去人类积累的围棋棋谱来提升自己，那么 AlphaGoZero 并没有依赖人类棋谱，它只是学习了围棋的基本理论和边界条件，然后通过自我学习获得了超强的围棋能力。也就是说，辛顿的神经网络理论发展成了深度学习、机器学习，并最终演变成了强化学习，后来我们也见证了 ChatGPT 的诞生。这一系列的突破，源于一个非常简单的基础研究发现，最终进入我们的生活、影响我们的社会，甚至改变了我们传统的文化和体育项目。

人类对生命的理解，生命的本质，信息存储在 DNA 里，而生命的执行则在蛋白质中，蛋白质变成 DNA 是中心法则。早在 1972 年，美国科学家科瑞斯汀·安芬森就预测到，蛋白质的三维结构是由其一维序列决定的。这个预测来自他通过生化实验得出的假设：根据 DNA 中的一级序列，预测出的蛋白质的一维氨基酸序列，一定能决定蛋白质的三维空间结构。也就是说，蛋白质的一维序列，通过 DNA 序列中的每三个碱基对对应一个氨基酸，最终决定蛋白质的三维结构。这个预测非常了不起，因此安芬森获得了 1972 年诺贝尔化学奖。然而，一维蛋白序列如何决定其三维结构，一直是一个世纪难题。人类曾经以为，经过 30 到 40 年的努力，这个难题一定可以攻克。但令人惊讶的是，从 1972 年开始，人类对这个问题的研究虽然取得了进展，但到 2016 年时，预测的结果与实际结构仍然差距很大。2018 年，AlphaFold 第一次参加人类的智力竞赛，目的是预测一维蛋白序列如何转变为三维蛋白结构。这是一个全人类最聪明的大脑所参与的预测竞赛。初次参赛时，AlphaFold 的得分约为 60 分，而人类的得分只有 40—50 分。科学家们赶紧学习 AlphaFold 是如何预测的。到了 2020 年，AlphaFold 第二个版本参加同样的比赛，不可思议地获得了接近 90 分的成绩。为什么我要说不可思议？因为作为一名结构生物学家，我通过 X 射线和冷冻电镜解析出来的结构，如果要打分，不过 90 分左右。也就是说我通过实验手段解析出来的结构和 AlphaFold 依靠强大计算资源预测的结构没有区别。

这张幻灯片（图 1-12）展示了 2021 年的数据，当时已有超过 19 万个蛋白质和大复合物的空间三维结构。图中的小白点在 2021 年被 AlphaFold 迅速取代，数量跃升至 100 万个，即图中的黑点。不到一年，这个黑点就被 2 亿个结构所覆盖。其实这并不是等比增长，如果是等比增长，我们根本看不见原来的小白点。什么意思呢？人类对微观世界的理解，从以前的不到 20 万个结构，在短短的一年或两年时间里增长到 2 亿个；到 2022 年，这一数字已达到 6 亿个。这意味着，地球上所有的物种，只要已知 DNA 序列，它们的蛋白质结构基本已被预测出来。怎么

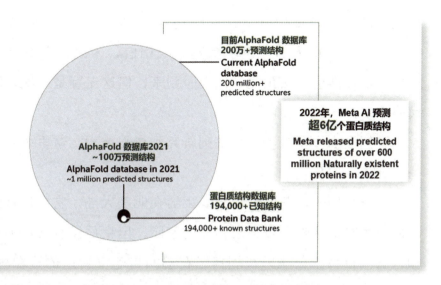

图 1-12 已被预测出来的蛋白质结构数量

理解这件事呢？决定地球上所有物种生物学功能的分子机理和结构，已经得到了揭示。那么，我们如何理解这些结构？如何反推生物学功能呢？正因为人工智能的出现，人类对客观世界的认知发生了翻转，甚至超越了我们的理解。我认为，我们人类还不完全理解如何利用这个数据库，我们并不知道该如何从中提取具体应用。过去，我们是从粗到细，通过发育生物学发现疾病，再通过遗传学研究基因，进而了解基因在细胞中的作用，再看细胞生物学，研究细胞如何发挥作用，然后分析生物化学，以及突变如何影响功能，最后才涉及生物物理学，最终解释结构。我们通过分子机理来解释生物化学、细胞生物学、遗传学、生育生物学等领域。现在，这一切发生了反转，因为人工智能的出现，它几乎一网打尽了所有结构数据，但它没有告诉我们如何使用这些数据。现在，问题变成了人类如何利用这些结构数据，反过来推导生物学结构，进而造福人类，发现新药。我相信，未来的革命将一场接一场，谁也无法预测它们何时到来，但这无疑是一次划时代的革命。

我们面临许多未知，从基础研究到核心技术。这里举两个基础研究的例子。

第一个例子，美丽的帝王蝶生活在北美大陆。它在加拿大北部出生时，从未到过自己祖先的家园。出生后没有父母的引领，它飞行数千公里，找到自己在墨西哥老家村庄的这棵树、这个窝。这是不可思议的，科学上没有好的解释。如果不科学地讲，没有任何解释，我们不知道在视觉之外、听觉之外还有什么。听觉是机械波，通过空气传播；视觉是电磁波，波长在390—700纳米之间。在这些之外的世界，我们看不到、听不到它们是什么，也不清楚它们如何决定地球的多样性，决定人类的发展方向，这需要基础研究的探索。

第二个例子，今年4月，以色列科学家发现，对于西红柿的幼秧，剪下叶子后，用超声记录装置去记录，发现西红柿幼秧会"哭泣"，会发出声音，只是它的音频很高，在2万赫兹以上，一直到10万赫兹。通过记录可以看到，但人耳听不到，而且声音也不算小，可能像我现在说话的声音这么大。甚至不给它浇水，它也会发声。等它枯死时，就不会再发声了。因此，当我们描述"万籁俱寂的森林"时，也可能是万树齐鸣的景象，只是我们听不到而已。这些声音意味着什么？怎么被接收？有没有生理意义？对世界意味着什么？我们都还不知道。基础研究的路还很长、很远。

当然，基础研究的发展往往带来核心技术。刚才我提到的，从神经网络到深度学习、机器学习，最终产生了ChatGPT这样的人工智能，对人类的影响太大了。如果有一天出现RobotGPT，智能型机器人，大家想象一下，在你身边有一个人，听完讲座后与你握手，说"你好，我们互加微信吧，不过，我不是人，我是机器"，你会怎么想？我相信这一天总会到来。人类能够做到的，最终都会实现，即便有一些限制和条条框框。因此，随着技术的高度发达和人类的不断前进，也会带来一些忧患意识和不确定性。需要负责任的国家和负责任的做法，让人类命运共同体走得更好、更远。

六、我们怎么办

我们怎么办？很简单，既来之则安之。我们面临这样一个变化中的科技和变化中的环境。在中国，我们非常幸运，有党的坚强领导，党的二十大提出教育、科技、人才"三位一体"的发展战略，对将来中国的科技发展、人才培养和教育创新具有重要意义。只有坚持教育优先发展、科技自立自强、人才引领驱动，我们才能更好地建设创新型国家，实现中华民族伟大复兴。

在这个过程中，大学，尤其是研究型大学，恰恰是教育、科技、人才最集中的体现。在人类整个发展历史中，大学起到了至关重要的作用。这里举两个例子：德国的崛起与柏林洪堡大学密不可分。19世纪后半叶，约翰斯·霍普金斯大学成为美国第一所培养博士的研究型大学，促进了美国大学的转型发展。在二战前后，尤其是二战之后，美国一批大学的崛起，从伯克利到斯坦福，保证了美国长期以来作为世界科学中心的地位。在这个过程中，我们可以总结出一些基本规律：大学不在大，而在精；人不在多，而在强。

做一个简单推演，任何一个新兴的巨大的产业，未来的产业，都源自核心技术的突破。任何一项核心技术的突破，溯源

20 年、30 年，基本来自原创基础研究的突破，而原创基础研究又来自顶尖科学家。顶尖科学家往往聚集在大学和科研院所，这些科研院所常常与大学有紧密关系。剑桥大学的分子生物学实验室虽然很小，只有几十个组、几百人，但产出了 15 个诺贝尔奖，为世界和人类带来了巨大的进步。

1978 年党的十一届三中全会确立了改革开放的基本国策。那时候我 11 岁，万万没想到能赶上这样一个巨大福利。1990 年我出国，我后来得知那一年从中国大陆去美国攻读博士学位的留学生达 2 万人，从计算机到生物，从材料到能源，没有任何一个领域我们没有学生在里面学习。中国人深爱自己的祖国。到了 2019 年年底，近 650 万中国人跨出国门学习，大约 430 万人回到祖国建设自己的家园。当然，我们在几年前立誓要聚成一股力量，在党中央和国家的大力支持下，在杭州创办一所新型大学，也就是社会力量举办、国家重点支持的一所新型研究型大学，旨在为国家的科技自立自强、人才培养和教育创新探索新路。如果能够走得更快一点，我们会非常欣慰。

截至今天，西湖大学已经招收了 1600 多位博士生和 153 位本科生，并有 203 位在各自领域世界领先的博士生导师加盟西湖大学。在这样一批导师和学生的共同努力下，我们已经开始在个别领域、有些方向，代表中国智慧为人类担当。例如，2020 年新冠疫情之初，由西湖大学不到 40 岁的博士生导师周强领导的研究团队，代表中国打响了科学抗疫的第一枪，揭示了新冠病

图 1-13　西湖大学云谷校区

毒如何入侵表皮细胞的瞬间。再比如，2020 年 6 月，郭天南研究员通过人工智能和蛋白质组学的研究，能够提前近一周预知新冠轻症病人是否会转为重症，是否需要使用呼吸机，对当时的抗疫工作产生了重要影响。当然，如果不提传染病，即便是最基础的研究，我们的何睿华，也是一位年轻的博士生导师，今年 3 月在光阴极材料领域发现了一种新的量子材料，这是过去几十年来该领域的重大突破之一，将其效率提高了一个数量级以上。关键是，光电材料的光电性质测试无法完全用爱因斯坦光电理论来解释，这意味着理论突破也会随之跟进。最近，我们的朱伟在物理学领域也取得了一些新突破，由于时间关系，这里不一一介绍。

　　我做一个小总结：今年是西湖大学成立五周年。我们走到今天一切都是因为有党和国家的支持、全社会的支持。我们希望在这样一所大学中，培养出对社会富有高度责任感、认同我们的制度的一批拔尖创新学生，从根本上回答好习近平总书记提出的"培养什么人、怎样培养人、为谁培养人"这一教育的根本问题。

第二讲　从爱因斯坦的好奇心到量子信息科技

主讲人：潘建伟

潘建伟，第十二、十三、十四届全国政协委员，中国科学技术协会副主席，中国科学技术大学常务副校长，中国科学院量子信息与量子科技创新研究院院长，中国科学院院士。

潘建伟委员主要从事量子光学、量子信息和量子力学基础问题检验等方面的研究，在量子通信、量子计算和多光子纠缠操纵等研究方向取得系列重大成果。曾获求是基金会"杰出科学家奖"（2005）、何梁何利基金科学与技术成就奖（2013）、国家自然科学奖一等奖（2015）、未来科学大奖"物质科学奖"（2017）、全国创新争先奖（2017）、"改革先锋"奖章（2018）、美国科学促进会克利夫兰奖（2018）、"最美奋斗者"称号（2019）、美国光学学会伍德奖（2019）等荣誉奖项。

◇ 时间：2023 年 11 月 10 日
◇ 地点：全国政协礼堂一层大厅

📖 主讲人寄语

  2025 年是联合国教科文组织设立的"国际量子科学与技术年"。经历了 100 年的发展和积淀，量子力学已成为人类历史上最重要的科学革命之一，并为我们带来了现代信息技术等重大发明，推动了人类物质文明的巨大进步。随着量子力学的发展，自 20 世纪 90 年代以来，量子信息科技开始兴起。量子信息，包括量子通信、量子计算、量子精密测量等，可为保障信息传输安全、提高计算能力、提升测量精度等方面突破经典信息技术的极限，为国家安全和社会经济高质量发展提供关键支撑。量子信息科技的迅猛发展标志着第二次量子革命的兴起。作为从事量子信息实验研究逾 30 年的学者，非常荣幸在国际量子科技年之际，将所开展的工作向广大热爱科学的读者介绍，希望能够激发大家对量子信息科技的兴趣，为量子力学下一个 100 年的辉煌作出更大的中国贡献。

大家下午好！非常荣幸能够参加委员科学讲堂。我的报告题目是《从爱因斯坦的好奇心到量子信息科技》。我想先从中国的神话故事开始讲起。记得小学三年级时，父亲给我一本书，吴承恩的《西游记》。大家都知道，《西游记》中有许多有趣且吸引人的概念，比如"天上一日，地上一年"；书中有两个神仙——千里眼和顺风耳，一个能够看到千里之外的事物，一个能够听到千里之外的声音。当然，最吸引我的是孙悟空，他拥有七十二变的能力，可以变换各种形态，还能用毫毛吹出许多分身，同时在多个地方打妖怪。更让人震惊的是，孙悟空有一朵筋斗云，一个筋斗就能飞行十万八千里。对于一个小学生来说，这些概念是非常重要且令人向往的。但在科学上，这些是否有相应的基础呢？

其实，随着科学的发展，吴承恩小说中的许多想象，最终都变成了现实。首先，麦克斯韦在1864年建立了电动力学，随后赫兹证明了无线电的存在。有了无线电，我们今天就有了手机，可以听到千里之外的声音。其次，摄像技术的进步使得我们可以进行视频通话，看到千里之外发生的事情。也就是说，随着科技的发展，书中提到的千里眼和顺风耳已经成为我们日常生活中的现实。

那么，"天上一日，地上一年"到底有没有科学依据呢？1905 年，爱因斯坦建立了相对论。相对论告诉我们，如果有一对双胞胎兄弟，其中一个成为宇航员，乘坐接近光速的飞船在宇宙中飞行然后返回地球，在他看来可能只经过了几个小时的飞行，而在地球上，另一个兄弟却已经生活了几十年。这可以认为就是"天上一日，地上一年"的科学解释。虽然目前还没有人能够接近光速，但我们可以将微小的粒子加速到接近光速。例如，有些粒子如果静止时寿命只有 1 个微秒，但加速到接近光速后，寿命可以延长到毫秒量级，即提高了一千倍。从这个角度来看，爱因斯坦的相对论告诉我们，"天上一日，地上一年"在物理上是有道理且有依据的。

经典物理学，包括传统的电动力学和相对论力学，告诉我们前面提到的两个《西游记》中的概念都是可以实现的。那么，大家也许会问，孙悟空的分身术和筋斗云，是否也有科学依据呢？量子力学的回答是：有！量子力学的建立实际上是 20 世纪初全球所有最聪明的大脑共同努力的结果，参与其中的包括普朗克、爱因斯坦、玻尔、薛定谔、海森堡等许多杰出的科学家。

为了让大家理解为什么孙悟空的分身术和筋斗云在微观世界中的某些特定条件下是可能实现的，我需要先介绍一下什么是量子。量子，英文名为 quanta，表示"一份一份"的意思，它不是指某一种特定的粒子，而是对微观世界中各种颗粒化物体的统称。

量子力学：全新的观念！

| 普朗克 | 爱因斯坦 | 玻尔 | 薛定谔 | 海森堡 |

图 2-1 量子力学：全新的观念！

举一个例子，比如一个十瓦的电灯泡，如果你用一个特殊的"放大镜"去看，会发现这十瓦的电灯泡每秒可以发射出万亿亿个小颗粒，这些小颗粒就叫作"光量子"，也叫作"光子"。其实，我们日常生活中每天都会遇到量子，比如水和原子。我们知道，当你把一瓶水不断细分，最小的单位是水分子。你不能再将水分子分成半个水分子，否则它就不再具备水的化学性质了。因此，从某种意义上讲，量子是构成物质的最基本单元，也是能量的最基本携带者，具有不可分割性。

有了量子的概念后，在微观世界中就会出现孙悟空的"分身术"。什么意思呢？假设在我们日常生活中，一个人在某个特定时刻只能在这里或者在那里，比如在合肥或者在北京，永远不可能同时在多个地方。然而，在微观世界中，一个原子在特定条件下，可以同时出现在多个不同的地点，就像同时具有多个分身一样。如何理解这种现象呢？我先举一个类比，假设我们有一只猫，在某个特定时刻，它只能处于活或死的状态之一，但在微观世界中，一只"猫"可以同时处于活和死的相干叠加状态。有了这样的概念，我们知道 0 和 1 可以代表传统计算中的比特。而在量子世界中，量子比特可以处于 0 + 1 的叠加状态。这种现象在物理上是如何实现的呢？其实非常简单：一个电灯泡发射出的光，如果取出最小的能量单元——光子，它会有两个偏振方向，水平偏振和竖直偏振，然后你可以调整方向，比如沿着 45 度偏振，就是两种方向偏振的叠加状态，即 0 + 1 的相干状态。

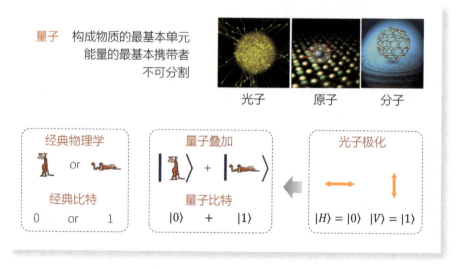

图 2-2 量子与量子叠加

讲了这么多，大家可能还不明白什么是量子叠加。我们继续将微观世界扩展到宏观世界来举例。假设我们的科学家到欧洲访问，访问结束后，大家从法兰克福乘飞机回北京。为了简单起见，假定有两条航线：一条是从法兰克福经莫斯科到北京，另一条是从法兰克福经新加坡到北京。在回程中，大家觉得太累了，在飞机上都睡着了。到北京后，大家并不清楚刚才是从莫斯科航线回来的还是从新加坡航线回来的。因为现在莫斯科的气温已经是零下了，而新加坡还是常年 30 度。那么，如果经过的是莫斯科航线，到北京后应该觉得浑身发冷；如果经过的是新加坡航线，就应该觉得浑身发热。然而奇怪的是，大家醒来时却是一种"又冷又热"的感觉。所有人都觉得很奇怪，难不成我们是同时从两条航线回来的——既经过新加坡，又经过莫斯科？可是这怎么会发生呢？因此，下一次出访时，大家就不敢睡觉了，每个人都睁大眼睛，看看飞机到底经过的是莫斯科还是新加坡。假设后来出访了一万次，发现随机地有大约五千次经过莫斯科，到北京后感到凉飕飕的；另外大约五千次经过新加坡，到北京后感到暖烘烘的。那么我们可以放心了，通过这么多次实验证明，其实每次都是从某一确定的航线回来的，而不是同时从两边回来。然而，当我们以后继续坐飞机，结果只要睡着了，到达北京醒来后还是感觉又冷又热。为了解释这种现象，我们在量子世界中不得不假定，一个微观客体到底是同时从两边过来的，还是从某一边过来的，取决于你有没有去观测它。因此，微观状态的量子客体会被测量所影响，这种影响是不可忽略的。

　　讲到这里，可能有人会说我在胡说八道。因为在座的每一位都坐过飞机，也都在飞机上睡过觉，但从来没有过又冷又热的感觉。这是什么原因呢？这是由于，尽管我个人在飞机上睡着了，但飞行员一直在驾驶飞机，他们睁大眼睛在观察；或者即使飞行员在某个时刻打个瞌睡，地面雷达也始终在监测飞机的位置。所以对于日常生活中的宏观物体，总有某种机制在监测着它在什么地方。但是在我们礼堂里，空气中的分子，如氧分子和水分子，却可以逃脱我们的监控，因为它们与光几乎没有相互作用。在这种情况下，量子力学认为，这些分子就会处于0和1的相干叠加状态。也就是说，尽管在日常生活中不会出现这种现象，但在微观世界里，这种现象无时无刻不存在。

这样一来，量子力学与牛顿力学有很大的不同。牛顿力学告诉我们，一个物体在某一特定时刻的动量和位置是确定的，它在下一时刻会运动到哪里也是可以精确计算的。也就是说，这个卫星在某一时刻经过你的头顶，下一时刻再次经过你上方的时间和位置都可以通过牛顿力学精确预测。牛顿力学强调，一旦确定了物体的初始状态，未来所有的运动状态都是可以被精确预言的。这就引发了一个悖论，叫作决定论：一切事件，包括今天的报告，都是在宇宙大爆炸时就已经确定好的吗？个人的努力似乎变得没有意义，仿佛整个宇宙的演化就像一部已经拍好的电影，结局已定，只是我们并不知道。然而，量子力学告诉我们，观测可以改变系统的状态，意识对物质世界有反作用，这与我们的哲学观点非常相似。因此，人的行为和测量可以影响这个世界的进程，我们并不是无能为力的。

　　量子力学以其革命性的观念，成功解释了微观粒子的规律，也给我们带来了大量新的技术革命，包括能源科学、生命科学、信息科学、物质科学和材料科学等多个领域。例如，巨磁阻效应、高温超导、核磁共振、激光、晶体管、核能等，都是量子力学直接带来的成果。因此，从某种意义上讲，没有量子科技革命，就没有我们现代的信息技术：因为有量子力学，所以有了"能带理论"，催生了晶体管和半导体，奠定了现代通用计算机的基础；激光的发明为今天的光通信和互联网奠定了基础；而对原子能级的精确计算使我们能够构建非常精确的原子钟。目前在北斗系统中使用的原子钟，精度约为 10 的负 15 次方，相当于一千万年只差一秒，这使得北斗卫星的定位更加精确。所有这些技术，都是量子科技的成果。

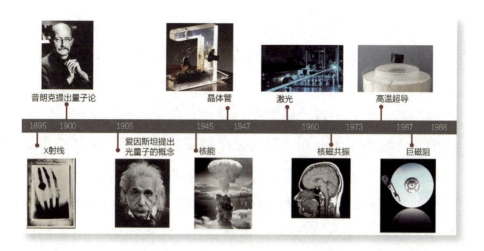

图 2-3　量子力学的建立：第一次量子革命

我做一个总结，比如在我们每天用的手机里，其实包含了多项量子力学的成果。例如，半导体成像器件获得了 2009 年诺贝尔物理学奖，锂电池获得了 2019 年诺贝尔化学奖。随着科技的发展，从基础研究到现实应用的距离越来越短，科学的发展极大地改变了我们的日常生活。

给大家简单介绍了量子力学的基本概念之后，大家会觉得，量子力学带来了现代信息技术，我们继续往前发展就好了。不幸的是，信息技术的发展目前已经遇到了一些瓶颈。

第一个瓶颈问题是信息的安全传输问题。我们目前的网络信息安全，一直面临着严重的威胁，包括我们的终端、传输以及中转环节，都存在信息被泄露、被篡改、被窃听的风险。那么，如何解决这个问题呢？传统的解决手段之一，是基于数学的经典加密算法，这种方法非常有效。但历史经验告诉我们，随着计算能力的提升，任何基于数学复杂性的密码，只要破解能力足够强大，都有可能被破解。举一个著名的例子，第二次世界大战时，德军有一个非常有名的加密系统——Enigma 加密系统，起初非常有效。但后来，图灵发明的机器成功破解了德军的加密系统。所以，盟军在诺曼底登陆时，实际上已经知道了德军所有的军力分布，因为密码被破解了，而德军却并不知道。随着技术的进步，我们有了更高级的密钥体系，但在随后也陆续被破解，比如 512 位的 RSA 加密算法，在 1999 年就被破解了；768 位的 RSA 在 2009 年被攻破；现在仍然被广泛使用的 1024 位 RSA，大家也怀疑不再安全。更严重的是，随着量子计算

信息安全瓶颈　网络信息安全面临严重威胁

依赖于计算复杂度的经典加密算法，原理上都会被破解

→ RSA 512：1999年被破解
　 RSA 768：2009年被破解
　 RSA 1024？

→ 2017年2月，谷歌破解了广泛应用于文件数字
　 证书中的SHA-1算法

图灵破解德军Enigma密码系统

人们早就怀疑："以人类的才智无法构造人类自身不可破解的密码"

"……human ingenuity cannot concoct a cipher which human ingenuity cannot resolve"
—*A few words on secret writing*, Edgar Alan Poe (1841)

图 2-4　信息科技进一步发展面临的重大问题：信息安全瓶颈

的发展，预计在未来的 10 到 15 年里，现有的密钥体系，哪怕是 2048 位 RSA，也可能不再安全。所以，如同 19 世纪的著名作家爱伦·坡所写的那样，"以人类的才智无法构造人类自身不可破解的密码"。这句话可以从两种角度来理解：一方面，认为我们人类太聪明了，无论什么密码都能破解出来；另一方面，认为我们人类不够聪明，因为我们无法发明出不可破解的密码。

第二个瓶颈问题是目前人类拥有的计算能力还相当有限。大家知道，若干年前，首先是 AlphaGo，它成功击败了我们的围棋冠军；随后，AlphaFold 出现了，能够非常精准地解析晶体结构，比科学家们辛苦研究的成果要快速得多。最近，又有了 Chat-GPT，只要有足够的数据支持，未来可能很多写作、法律、医疗等领域的工作都能由它来完成，且它可能比人做得更好。随着技术的发展，人工智能确实给社会进步带来了巨大的推动力。

但问题在于，为了充分发挥人工智能的作用，我们需要极其强大的计算能力。然而，目前我们拥有的计算能力其实是非常有限的。举个例子，在大数据时代，全球的数据量每两年翻一番，但即便如此，全球包括手机、超级计算机在内的所有计算能力加起来，每年仍然无法完成对 2 的 90 次方的数据库的穷举搜索。这说明我们的计算能力依然存在局限性。为了进一步提升计算能力，我们有两种方式。一种方式是提高晶体管的集成度。根据摩尔定律，晶体管的集成度每 18 个月就能翻一番，2017 年是 14 纳米，去年已达到 4 纳米，而在 10 年内，预计将达到亚纳米级别。当晶体管尺寸达到亚纳米级别时，量子力学效应就将占主导地位，也就是每个比特的状态将不再是确定的 0 或者 1，而是可以处于 0 和 1 的相干叠加状态了。那时，晶体管的电路原理就不再适用。另一种方式，如果我们不把晶体管继续做小，而

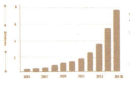

图 2-5 信息科技进一步发展面临的重大问题：计算能力瓶颈

是将计算机一个个垒起来，形成超级计算机，那么能耗就会非常大。例如，AlphaGo 如果要下一盘围棋，需要消耗相当于几十吨煤所产生的电，而我们人类下一盘围棋，可能只需要喝一杯酸奶。因此，假设你未来家里有一个 ChatGPT 机器人，既能帮你写作业、做工作，还能带孩子、做饭、打扫卫生，那么它所消耗的电量是任何个人都难以承受的。所以，如何解决计算能力面临的这一重大问题，从而将人工智能的优势发挥到极致呢？这是一个值得思考的问题。

非常有趣的是，量子力学不仅催生了现代信息科技，经过一百多年的演进，量子力学也已经为解决现代信息科技面临的这些重大问题做好了技术储备和准备。

那么，量子力学该如何解决这些问题呢？这里我们需要进一步拓展量子叠加的概念，介绍一下量子纠缠。量子纠缠是什么意思呢？爱因斯坦在开始思考量子叠加原理后，对量子世界中的不确定性非常不满意。他为了证明这种不确定性不是对微观世界的真实描述，而仅仅是量子力学理论的不足，首先在1935年提出了量子纠缠的概念。他提出，如果一只猫可以处于死和活状态的相干叠加，那么如果有两只猫，它们是不是也可以处于"活活＋死死"状态的相干叠加呢？如果可以的话，它们就可能表现出图中那样的特殊状态（见图 2-6）。

为了说明量子纠缠的奇特性质，我用一个掷骰子的游戏来打比方。假设在北京和合肥，我们有两个纠缠在一起的骰子，我和在北京的同事手里各自有一个。我和同事约定好了每次都

量子纠缠

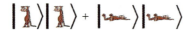

$$|\text{😺}\rangle|\text{😺}\rangle + |\text{😿}\rangle|\text{😿}\rangle$$

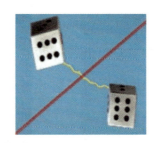

两光子极化纠缠态

$$|\Phi^{\pm}\rangle_{12} = \frac{1}{\sqrt{2}}(|H\rangle_1|H\rangle_2 \pm |V\rangle_1|V\rangle_2)$$

$$|\Psi^{\pm}\rangle_{12} = \frac{1}{\sqrt{2}}(|H\rangle_1|V\rangle_2 \pm |V\rangle_1|H\rangle_2)$$

"遥远地点之间的诡异互动"
——爱因斯坦

图 2-6　量子叠加与量子纠缠

是同时扔手里的骰子。当扔骰子时，每一边的结果是 1 到 6 之间的一个数字，且是随机的，概率为 1/6。但如果我们把两边的结果都记录下来，就会发现，在同一次实验中，两边的结果总是完全一致的，无论它们相距多远。这种现象就被称为"量子纠缠"。爱因斯坦把它称为"遥远地点之间的诡异互动"，他认为这种量子纠缠本不应该存在，怎么可能允许远距离地点之间发生如此奇怪的互动呢？为了验证这种现象是否真实存在，科学家们开始了实验。这样的实验其实具有相当大的技术挑战，就相当于设法从一个十瓦的电灯泡每秒钟发射出来的万亿亿个单光子中，取出两个光子，先将它们纠缠在一起，再将它们分离。通过这种实验，科学家们逐渐掌握了主动调控一个个小颗粒（如光子、原子）的能力，能够按需将它们纠缠在一起、再分开、再进行操纵和探测。这为量子信息科学的诞生奠定了基础。

过去，我们通过对量子世界规律的观察，推动了现代信息技术的发展。但现在，我们能够主动操控一个个光子、原子，利用这些微小的颗粒进行量子信息处理，达到了一个更高的层次。这种飞跃，我愿意类比为从孟德尔的遗传定律到基因工程的巨大进步。大家在高中时学过孟德尔遗传定律，它告诉我们，豌豆在田里的颜色和高度有一定的概率分布——比如1/3的概率是绿色，2/3是黄色；3/4的豌豆会长得较高，1/4则会长得较矮；等等。如果你把这些豌豆全收集起来，混在一起，然后随机拿出一个，你就无法知道它会长高还是长矮，或者它是绿色还是黄色，这只能通过概率来预测。但如果你测量了豌豆的基因序列，你就能准确地知道这颗豌豆将来会长成绿色还是黄色，甚至可以预测它是否会长得高。比如，通过基因测序，你能知道某个人是否有高血压，个子是否较矮，甚至可以进行基因编辑和调控。这种技术进步，既是科学上的重大突破，也是技术上的巨大飞跃。

有了这样的能力之后，我们就可以利用微观粒子的量子状态来进行量子信息处理。量子信息处理主要包括两方面应用：一种是能够实现原理上非常安全的通信方式，我们称之为"量子通信"，利用量子通信，我们可以有效地解决信息安全传输的问题。另一种应用是量子计算与模拟，它能够提供超快的计算能力，满足未来人工智能和大数据对计算能力的需求。

量子通信相对较容易实现，因为它只涉及单光子的操控，一个一个地取出并发送出去，这使得它在技术上成为目前最容

量子通信：
原理上无条件安全的通信方式

有效解决信息安全
传输问题

量子计算与模拟：
超快的计算能力，揭示复杂系统规律

满足人工智能、大数据
等的计算能力需求

图 2-7　量子调控与量子信息：第二次量子革命

易实现的一种量子信息处理技术。通过这种手段，比如利用产生的两个纠缠光子，我们可以将它们发送到不同的用户手中，只要它们之间仍然存在关联，这种关联是两个用户共有的，外界无法得知，因为它是随机的。利用这种关联所产生的随机数，并结合一次一密的加密技术，就可以实现不可破解的加密通信。这也是量子通信与传统数学加密密码的根本区别，它具有基于物理原理的安全优势，能够提供迄今为止唯一被严格证明是无条件安全的通信方式。

大家可能会想，光纤通信或者专网不也很安全吗？为什么非要使用量子通信呢？其实，早在二十多年前，美国的"吉米·卡特"号潜艇就已经能够通过光纤通信实现"无感窃听"。它的做法是弯曲光纤，让一些光泄漏出来，泄漏出的光在光纤中的强弱变化，就像是 0101 的光信号，与光纤中的光强序列相

同。本质上，这种方式实现了100％的无感窃听。经典通信的安
全性问题就在于，窃听者原则上能够窃取信息而不被察觉。但
在量子世界中，如果在传输过程中被别人"观察"到，信息的状
态就会发生变化，要么变成"冷"状态，要么变成"热"状态。
我们可以通过这种变化来检测是否有人窃听。当密钥到达接收
端时，如果只有一种状态（比如"冷"或"热"），那说明密钥可
能不安全。如果在传输过程中没有任何外部干扰，发送者和接
收者就能够确认密钥是安全的。简单来说，如果中间没有人"偷
看"，那这个密钥就一定是安全的。量子力学的神奇之处就在
于，它允许我们通过物理现象来发现是否有窃听者介入。当信
息传输过程中被外部观察时，状态的变化是无法被掩盖的，任
何窃听行为都会被监测到。因此，从这个角度来看，量子密钥
分发能够提供一种信息论可证的安全通信方式，确保信息的传
输不会被窃取或篡改。

除了量子通信，量子纠缠还可以实现另一种有趣的应用。
刚才我提到，量子世界中可以存在"分身术"，这已经得到了实
证。那么，如何实现"筋斗云"呢？通过量子纠缠，我们可以将
一个微观粒子所携带的量子信息从一个地点传输到另一个非常
遥远的地点，而不需要传输这个粒子本身。这里我用一个比喻
来说明：假设昨天晚上我错过了从合肥飞往北京的航班，但我必
须参加今天在北京的讲座。最快的方式是什么呢？我可以利用
量子隐形传态。假设合肥和北京的政协礼堂之间有大量的纠缠
态原子，我可以通过测量合肥某个原子与其中一个纠缠原子的

状态，将这两个原子变成一个纠缠态。之后，将这个测量结果通过无线电波传输到北京。接着，另一个人在北京做一些操作，就能将合肥的原子状态精确地传递到在北京的原子上。虽然这个过程听起来很科幻，但根据目前的技术，我们已经能够在网络中传输单个粒子的状态、几十个粒子的状态。大家都知道，计算机处理信息时，实际上就是在不同信息处理节点传输信息，计算机本身其实就是一个小型网络。而"多体、多终端、多自由度的"量子传态正是构建量子计算机的基本单元。量子隐形传态的速度非常快——是光速。信息通过光速传输，而物质本身并没有被传输。通过这种方式，我们实际上就实现了量子世界中的"筋斗云"。我曾在国际学术会议上作过报告，也举过"筋斗云"这个例子。当然，我并不是宣称吴承恩对于量子隐形传态概念的优先发明权，但我们可以看到，随着科学的发展，很多曾经的幻想最终有可能变为现实。通过量子隐形传态和量子纠缠的能力，我们可以在信息网络中高效传输信息，进而构建量子计算机。

那么，为什么量子计算机的能力如此强大呢？主要原因是量子计算机的计算能力随着可操控的量子比特数量的增加呈指数增长。我们可以举一个例子。在经典计算世界中，一个比特只能处于 0 或者 1 这两种状态中的某一个。而在量子世界中，一个量子比特可以同时处于 0 和 1 这两种状态的相干叠加状态。如果有两个比特，它们在经典计算中只能处于 00、01、10、11 四种状态之一，也就是说，经典计算机一次只能处理其中一种比特状态对应的数据。而在量子世界，量子比特可以同时处于这四种状态的相干叠加，原理上量子计算机就可以同时处理对应的四种数据。假设比特数量增加到 64 个时，同时处于相干叠加的状态数就是一个天文数字了。大家可能听过一个关于国际象棋的 64 格棋盘的故事。一位宰相在发明国际象棋后，要求国王给他奖励：在第一个棋盘格放 1 粒米，第二个放 2 粒米，第三个放 4 粒米，依此类推，每个格子的米粒数都较前一个格子翻倍。国王认为这个奖励很少，就同意了。然而，当大臣要求国王按这个方式放米时，计算的结果是 2 的 64 次方减 1 粒米。这个数量是多少呢？大约需要 1 万亿吨米。考虑到 2020 年全球的年大米产量大约为 5 亿吨，填满这些格子需要的米量相当于全球 2000 年来大米产量的总和。国王顿时傻眼了，他被大臣耍了。因此，当量子比特的数目增长到五六十个比特的时候，原理上，量子

经典比特	量子比特
0 或 1	0 + 1
00、01、10 或 11	00 + 01 + 10 + 11
000、001、010⋯⋯	000 + 001 + 010 + ⋯⋯

量子计算机的计算能力随可操纵的量子比特数呈指数增长

大数分解
- 利用万亿次经典计算机分解300位的大数，需 150000 年
- 利用万亿次量子计算机，只需1秒
Ø **RSA的安全性受到威胁**

求解线性方程组
- 求解一个亿亿亿变量的方程组，利用亿亿次的经典超级计算机需要100年
- 利用万亿次量子计算机，只需0.01秒
Ø **大数据、人工智能**

经典密码破译

气象预报

金融分析

药物设计

图 2-8　量子计算

计算机的计算能力和传统的计算机相比就有巨大的提高。

　　在量子计算的应用方面，早在 1994 年前后，美国数学家彼得·绍尔提出了一种快速质因数分解算法，叫作绍尔算法。质因数分解是现代密码体系的基础。比如我们想要分解 6=3×2、9=3×3 就很简单，但是一个 300 位的大数想要计算它的质因数分解就很困难了，如果使用每秒能进行一万亿次计算的经典计算机来分解这样的大数，大概需要 3 万年。想象一下，如果秘密在几万年后才被破解，几乎没有人关心了。正是由于对大数的质因数分解极其困难，目前广泛使用的公钥加密算法的安全性正是建立在这种计算复杂度的基础上。但如果用运行绍尔算法的量子计算机，只需 0.01 秒钟就能完成分解。所以，如果密码能在不到一秒的时间内就被破解，那就相当危险了。一旦量子计算机能够成熟，它在密码破解、气象预测、金融分析、药物设计等领域将发挥巨大的作用。尽管从 1994 年提出这些理论方案到现在，科学家已经努力了近 30 年，我们仍在不断推进这项技术的研究。预计在未来 10 到 15 年内，量子计算领域将有更大的突破。

　　介绍完这些基本原理之后，我想跟大家分享一下，由于量子力学的概念和应用一开始与我们日常生活经验相距较远，许多人对这一理论始终存在怀疑，认为它不太可信。事实上，早在 2001 年我申请项目经费时，当时只申请几万块钱，结果还被否定掉了，这个领域被认为不靠谱。但随着科学的不断进步，到了 2005 年，量子光学理论及其在量子信息科学中的应用得到了国际认可，哈佛大学教授格劳伯因此获得了 2005 年诺贝尔物理学奖，表彰他在这一领域的重要贡献。随后的 2013 年和 2018年，又有四位科学家因量子信息理论方面的成就获得了沃尔夫物理学奖。其中 2018 年两位科学家因量子密码和量子隐形传态的开创性贡献而获奖，在对他们的成就介绍中专门提到了中国科学家的工作："量子密钥分发系统已经商用化，在京沪干线的光纤网络中，传输距离已经达到百公里，并且借助量子卫星平台，量子通信的传输距离达到了千公里级别。"这些成就表明，随着中国科学家在国家支持下的努力，我们在这一领域已经取得了国际公认的成果。

量子技术的发展持续推进。2012 年，理论领域的两位教授因量子计算方面的原理性实验进展获得了诺贝尔物理学奖。而在实验方面，我在奥地利留学时的导师，也是 2010 年沃尔夫物理学奖获得者，在其中发挥了重要作用。随着中国"墨子号"量子卫星和相关工作的推进，我们迎来了更多的进展。2022 年诺贝尔物理学奖颁发时，专门提到了中国"墨子号"的工作。从某种意义上说，中国已经从量子信息领域最初的追随者、学习者，逐渐走到了国际的前沿。

对于这样一项重要的科技，国家一直给予高度重视。我至今清晰地记得，2016 年 4 月，习近平总书记在中国科学技术大学考察时，专门指出量子信息技术非常重要、很有前途。随着"墨子号"量子卫星的升空以及光量子计算相关工作的推进，量子技术先后被纳入习近平总书记 2017 年和 2018 年的新年贺词，充分

2016年8月，"墨子号"在酒泉卫星发射中心成功发射

图 2-9　2016 年 8 月，量子科学实验卫星"墨子号"成功发射

显示了国家对这一领域的重视。我国在相关领域也进行了积极部署，涵盖了各种重大项目和国家实验室等方面。实际上，从 2015 年起，国际社会对量子技术的重视程度逐渐上升。例如，英国在 2015 年 1 月发布了《量子技术国家战略》，并于 2023 年 3 月发布了《国家量子战略》，预计未来十年将有可观的投入。随着"墨子号"量子卫星的发射，量子技术进一步得到了全球范围的关注。2021 年 6 月，《科学》杂志专门发布了一篇社论，提出目前的互联网正在向量子化发展。当量子通信、量子计算和量子精密测量技术融合在一起时，"量子互联网"将成为现实。文章还专门提到，中国"墨子号"量子卫星的成就为美国政府敲响了警钟，最终促使美国通过了《国家量子倡议法案》。所以从这个角度上讲，我们国家在推动整个领域的发展方面，作出了比较重要的贡献。

今天有很多同学在场，大家就问，潘建伟个人是怎么做到量子力学研究的？物理学中有电动力学、统计力学、理论力学等，为什么你选择了量子力学呢？其实，我很愿意和大家分享一下，我是如何走上量子研究这条道路的。

1989 年，我在中国科大第一次接触到量子力学，当时使用的是北大曾谨言老师的教材。学到大约二三十页时，教材中提到了一只猫会处于我前面所介绍的"既死又活"的状态。那时，我在期中考试时差点没及格，因为我一直在思考这个问题。到了 1991 年，在开始做本科论文时，我决定静下心来把这个问题弄清楚。因此，我在本科论文中研究了量子力学的基本概念——量子佯谬。当时，我非常相信爱因斯坦是对的，认为量子力学是有问题的，想要弄清楚其中的奥秘。但最终我也没能完全搞清楚。后来，我意识到，仅仅在脑海中琢磨恐怕是行不通的。

到了 1995 年，我在调研中发现，我后来的导师塞林格教授在从事量子力学基础研究，我觉得跟他一起做实验，或许能通过实验来验证量子力学的正确性。因此，1996 年，我去了奥地利的因斯布鲁克大学，我的导师五十岁出头，是个非常活跃的研究者。我一到那儿就犯了个傻：我是在国庆节后从北京出发的，抵达奥地利后，导师给我几篇文章，让我去算一算。我算完后非常兴奋，认为自己有了一个重要发现，决定去组里做报告。报告结束后，组里的同事竟然一个问题也没问我。我心想，怎么回事？我讲了这么重要的内容，怎么没有人提问？我的导师说："建伟，你知不知道这个方案其实就是量子隐形传态的方案?"当时，由于国内信息较为闭塞，很难看到最新的文献，我说："我不知道。"他问："你听说过这个吗?"我回答："没有。"有时候事情真的很有趣，你在那做量子基础研究，以为独立发现了一个方案，结果一讲就"丢了个丑"。然后导师说："我们正准备做这个实验。"我说："那让我加入吧。"就这样，由于这个偶然的机会，我开始参与了相关的实验。

说这些，我主要是想告诉大家，之前做的这些研究并不是无用功。1991 年，我就开始做量子佯谬的研究，1996 年去了奥地利，一年多后我们取得了一个重要成果，这是我在 1997 年与同事一起完成的，也是我博士论文的主要内容之一：我们首次实现了量子隐形传态的工作。这意味着量子信息科学从理论上的纸上谈兵走向了实验室，证明了它是可以实现的。正因为如此，我当时觉得这个问题非常重要，于是在 2001 年，在科学院的支持下，我们在科大近代物理系组建了量子物理与量子信息实验室，到现在已经 22 年了。刚开始时，我们主要开展多光子纠缠操控工作，也就是将光子一个个取出来，纠缠在一起，然后进行操作和测量。那时，我们只是一个五人的小团队，后来逐渐发展起来了。

到了 2003 年，我突然意识到，尽管我们团队在光子传输和操控方面有了很好的技术突破，但如果没有合适的信息存储技术，研究就无法继续深入。因此，2003 年我前往德国海德堡大学从事合作研究，组建了一支团队，将那里的冷原子存储技术引进到国内，这一过程花费了五年的时间。随后，我们开始把优秀的毕业生推荐到国外，前往德国的马普所、英国的剑桥大学、美国的斯坦福大学、美国的麻省理工学院，以及瑞士的苏黎世高工等知名学府进行深造。到了 2009 年，我正好在人民大会堂观看《复兴之路》演出。当时，我给这些学生们发了一条短信，内容是："我正在人民大会堂看《复兴之路》，感触良多，甚望你能够努力学习，提升自己，早日学成，归国为民族复兴、科大复兴尽力。"令我非常高兴的是，这些学生现在已经成为我的同事，他们都在 2010 年前后回到了科大，开始了相关的研究工作。

我向大家介绍一下，我们在国内开展的相关工作。其实在 2007 年之前，光纤量子通信的安全距离大概只有几公里，而且码率很低。几公里的保密通信几乎没有实际应用价值，不如跑到你家亲自说耳边话，告诉你秘密。我们在 2007 年突破了量子保密通信的安全距离，将其提升到了 100 公里；到 2008 年，在合肥建立了一个初步的五节点互联互通的光量子电话网，后来又发展成了一个 64 节点的城域网络；到 2012 年，基于量子通信的高安全通信保障系统就在北京投入永久运行了。到 2021 年，我们已经能够实现从济南到青岛之间的信号传输，中间没有任何中继，直接传输 500 公里，相关工作也得以顺利开展。但由于光纤的固有损耗，要进一步扩大传输距离就面临着巨大的挑战。像是北京到上海的 1200 公里距离，如果是点对点直接传送量子信号的话，即使将现有技术发挥到极致，也需要几百万年才能传送一个量子比特。我们必须找到更好的方法，进一步拓展传输距离。

实际上，我们有两种解决方案。一种是阶段性解决方案，叫作"可信中继"，即通过几个"可信节点"传输信号。例如，从北京市委机要室传到天津市委机要室，再从天津送到山东省委机要室，每隔120公里传输一次，在传输过程中只需保证这几个机要室不被窃听。这样一来，原来整条路线都不安全的问题就能得到很好的解决。基于"可信中继"技术，我们在国家发展改革委的支持下建设了光纤线路总长超过2000公里的"京沪干线"，于2017年9月正式开通，这也是国际上第一条远距离的光纤量子保密通信骨干网。在此基础上，我们在2018年2月得到了国家发展改革委的正式批复，开始建设一个名为"国家广域保密通信网络"的项目。该网络在2022年9月全线贯通，总长度已超过12000公里；到2023年10月，全国已经有上百万个用户使用保密电话了。但是，对于光纤不能达到的地方，比如岛屿、远洋船只、驻外机构等，或者在全球化量子通信的情况下，单纯依靠光纤传输就不再可行。那么，怎么办呢？

2003年起，我们便开始考虑，是否可以使用基于自由空间的量子通信技术来进行量子密钥分发。为什么选择自由空间呢？如果有卫星在天上，我们通过垂直的大气层传输信号，大气层的等效厚度相当于地面大气层5—10公里，光在穿透10公里的水平大气时，损耗只有20%。也就是说，80%的光可以穿透，这比光纤传输的效率好得多。因此，借助这种方式，能够实现洲际的量子通信。我们从2003年就提出了卫星量子通信的构想，并且先后验证了光子在穿透大气层后，状态几乎未受到影响，

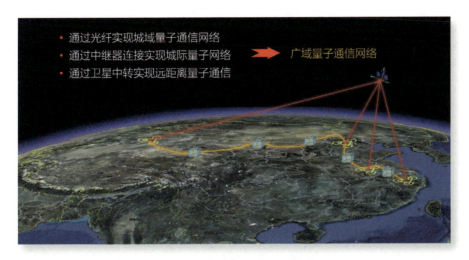

图 2-10 广域量子通信的发展路线图

或者说，大多数光子的状态并没有被大气层"看过"。同时，由于卫星飞行速度非常快，它需要始终与地面站保持对准，并克服大气湍流的影响。我们也验证了，在高损耗的星地通信环境下进行量子通信的可行性。从 2003 年开始，经过近十年的地面实验验证，我们终于发展出了几项关键技术。

这些技术的水平可以达到什么程度呢？第一个是高精度的指向跟踪技术，就相当于从一辆高速行驶的列车上向一公里以外的存钱罐里投掷硬币，我每次投掷都必须精确地将硬币扔到存钱罐里。第二个是高灵敏的单光子探测技术。由于光的能量非常微弱，它的能量大约为 10 的负 19 次方焦耳。对于如此微弱的能量，我们要求即使经过上千公里的传输，在地面上仍能接收到单光子的信号。可以用这样一个形象的比喻来理解：如果有人在月亮上划亮了一根火柴，从原理上讲，我在地球上是可以看到的。拥有这些技术之后，我们总算为量子卫星的研制奠定了基础。

后来，在中国科学院的支持下，2016 年 8 月，"墨子号"量子卫星在酒泉卫星发射基地成功发射。大家比较好奇，为什么要用"墨子"这个名字来命名量子卫星呢？其实，墨子是世界上第一个证明光是沿直线传播的人，他通过一个小孔成像实验验证了这一点。同时，他也是最早提出原子概念的人之一，他与当时的希腊哲学家德谟克利特在同时期提出了原子概念。他说："端，体之无序而最前者也。"意思是，物质不是无限可分的，分到一定程度就叫"端"，它是最基本的单元。非常有趣的是，我们科大从事科技史研究的团队后来也发现，墨子还是最早提出惯性定律雏形的人之一，他说："止，以久也"，"无久之不止"。"久"指的是力，"止"指的是停止，意思是如果物体没有受到外力作用，它就会一直匀速运动下去。我们以他的名字命名量子卫星，也是在提醒大家，其实中国古代就有很多杰出的科学成就，类似的思想早在墨子的时代就已经存在。后来的"九章"和"祖冲之"量子计算原型机的命名也有类似的含义。

"墨子号"执行了三项主要的科学实验任务。第一项任务是星地量子密钥分发实验，完成后，目前我们可以每秒钟在天地之间传递十万个密钥，速度比同距离的光纤提高了 20 个数量级。大家知道，每提高一个数量级，技术上的进步就非常大。天地之间的链路可以彻底改变量子通信的格局。第二项任务是实现了德令哈和丽江之间的千公里双向量子纠缠分发，严格证明了

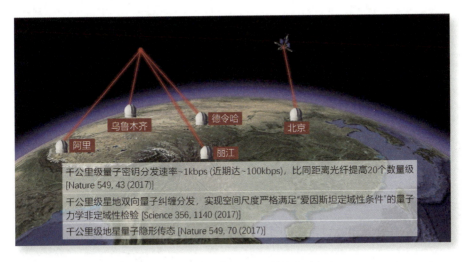

千公里级量子密钥分发速率~1kbps (近期达~100kbps)，比同距离光纤提高20个数量级 [Nature 549, 43 (2017)]

千公里级星地双向量子纠缠分发，实现空间尺度严格满足"爱因斯坦定域性条件"的量子力学非定域性检验 [Science 356, 1140 (2017)]

千公里级地星量子隐形传态 [Nature 549, 70 (2017)]

图 2-11 "墨子号"的三大科学实验任务

爱因斯坦所谓的"诡异互动"，也就是量子纠缠在上千公里的距离上仍然是存在的。以前所有的量子纠缠实验都局限在实验室里，只有 30 厘米、40 厘米的距离，但在青海德令哈与云南丽江之间，两边光子的状态每次测量都完全相同，这是技术上的巨大进步。同时，量子互联网需要远距离的量子隐形传态，我们也通过实现地面与卫星之间上千公里量子隐形传态验证了这一点，这是第三项任务。后来，通过国际合作，我们实现了维也纳科学院与中国科学院之间的洲际量子加密视频通信，这一实验后来被誉为"量子互联网的诞生"。

从长远来看，我们希望通过光纤来实现城域网络，用中继实现城际网络，通过卫星中转实现远距离通信，这是广域量子通信的发展路线图。然而，"墨子号"由于为了保证科学实验的成功，性能指标较高，成本也相对较高，而且它作为低轨卫星无法覆盖全球，仅能在地影区（即夜晚）工作。为此，"墨子号"发射后，我们开始研究如何在白天太阳光的情况下进行自由空间量子密钥分发，并最终证明这是可行的。

除此之外，在建立更高效率的星群网络方面，我们也取得了显著进展。2022 年 7 月，我们成功发射了国际上首颗量子微纳卫星。这颗微纳卫星的载荷重量由"墨子号"原来的 250 公斤减少到 20 公斤，将成本从约 4 亿元降低到现在的 1000 万元。同时，地面站的重量也从原来的 13 吨成功降低至 68 公斤，可以支持移动量子通信。可以看到，量子科技的水平随着大家的努力在飞速进步。下一代量子通信卫星，我们希望除了与现有的星网合作形成"量子星座"外，还将发射中高轨量子卫星。因为中高轨卫星在上空停留时可以看到几乎半个地球，便于国内和驻世界各国的使领馆以及南海岛屿间进行便捷的通信。

在介绍了量子通信的相关进展后，接下来我简要跟大家汇报一下量子计算的发展。与量子通信相比，量子计算的难度要大得多。量子通信只涉及一个光子或者两个纠缠光子的操纵，而量子计算则涉及几十个，甚至几百万个量子比特。因此，在 1999 年完成博士论文后，我曾认为自己这一生不可能真正见到量子计算机的实现。当时我感到非常焦虑，甚至考虑过转行。但在转行之前，我至少想做一下量子算法的实验演示。从 2003 年、2004 年开始，到 2010 年前后，我们的实验只能操控大约 10 个量子比特，用于演示各种量子算法。后来我们发现这项工作是可行的。到了 2012 年，随着一些新的方案提出，针对某些特定问题，只要操控 50 个光子、50 个量子比特，量子计算的能力就可以超越最快的超级计算机。这被称作"量子计算优越性"，标志着量子计算发展的第一个里程碑。在国家的支持下，我们已经完成了这一阶段的工作。目前，我们希望在三到五年内实现量子纠错原理实验，进而实现数百个甚至数千个比特的相干操控。基于这些成果，我们计划构建专用的量子计算模拟机，解决一些经典计算机无法应对的重大科学问题。我们正在稳步推进这个目标，并且近期已有了很好的进展。最后这个阶段，希望在量子纠错的帮助下，经过十到十五年的努力，能够构建可编程的通用量子计算机。

从 2007 年到 2015 年，我们做了一些初步的尝试。我们先演示了格罗弗快速搜索算法和绍尔大数分解算法的原理，这虽然只能处理简单的问题，例如 15=5×3，但至少证明了原理上的可行性。到 2013 年，我们实现了线性方程组的快速求解，2015 年则演示了量子机器学习。这些工作使我们在量子计算的传统算法——如线性方程组求解、大数分解、搜索算法和机器学习等方面，取得了显著进展。因此，国际上对我们的评价也逐渐提升。英国著名的科普期刊《新科学家》专门刊登了一期关于中国崛起的特刊，称中国正在成为创新的强国，其中就提到了"人民的量子计算机"，并高度评价了中国科学技术大学在这一领域的贡献，这标志着中国在量子计算的世界地图上占据了一席之地。

到 2019 年，谷歌实现了量子计算的首次重大突破。他们宣称在 53 个量子比特的"悬铃木"处理器上，实现了随机线路采样的求解，且时间只需要 200 秒就行了。他们声称，用当时世界上最快的计算机完成相同任务则需要 1 万年。但中国的科学家同样取得了突破，中国科学家提出了最新的张量网络算法，预计根据这个算法，要做谷歌 200 秒完成的计算任务，经典计算机只需要几十秒就可以做完。也就是说，当时谷歌宣称的量子计算优越性，以中国科学家提出的最新算法作为比较，是不成立的。①

　　到 2020 年，中国科学家首次实现了 76 个光子的量子计算原型机"九章"。在处理高斯玻色取样问题时，对比最新的经典算法，它比当时最快的超级计算机"富岳"快了 10 万倍。2023 年

实现76个光子的量子计算原型机"九章"，处理高斯玻色取样问题比当时最快的超级计算机"富岳"快10万倍 [Science 370, 1460 (2020)]
　"九章2号"：113光子144模式，能力较"九章"提升了10万倍 [PRL 127, 180502 (2021)]
　"九章3号"：255光子1152模式，能力较"九章2号"提升了100万倍 [PRL 131, 150601 (2023)]

图 2-12　中国光量子计算实验研究进展

---

　　①　2024 年，潘建伟团队演示了更先进的经典算法，用 1400 余块 A100 GPU 仅需约 14 秒即可完成谷歌 2019 年的"悬铃木"处理器花费 200 秒完成的任务；据估算，如果用目前最快的超级计算机"前沿"并配备更大的内存，则只需 1.6 秒即可完成，因此谷歌 2019 年宣称的"量子计算优越性"已被正式推翻。

的最新结果，我们又比超级计算机快了 10 的 16 次方（一亿亿）倍。根据英国帝国理工大学校长伊恩·沃尔姆斯利的评价，这个系统目前是最具说服力的量子计算优越性实验。此外，我们国家在超导量子计算领域也做出了良好的布局。目前，在超导量子计算方面，我们实现的"祖冲之二号"量子处理器比谷歌 2019 年"悬铃木"系统快了 6 个数量级。[①] 从这个角度来看，中国是目前唯一一个在两种量子计算系统上都达到了量子计算优越性里程碑的国家。

作为总结，我给大家介绍未来的发展方向。第一，我们希望通过未来 10—15 年的努力，能够构建完整的天地一体的广域量子通信网络技术体系，并推动其在国防、政务、金融、能源等领域的广泛应用，同时实现量子通信网络与经典通信网络的无缝衔接，也就是不需要重新建设网络，只需要在现有网络上进行升级改造。第二，除了低轨卫星和高轨卫星的合作构成星群之外，我们的高轨卫星还将在量子力学基础问题的检验上进行工作，力争将量子纠缠分发到万公里。完成这个任务后，我们可以实现地月之间的量子纠缠分发。因为我国有登月计划，未来会建立月球实验室，届时我们可以在中间某个点发射光子，

---

① 超导量子计算发展迅速且国际竞争非常激烈。2024 年 10 月，谷歌在《自然》期刊发表了包括 70 个量子比特的升级版超导量子处理器"悬铃木"。升级版"悬铃木"处理器求解随机线路采样的速度超越目前最快的超级计算机"前沿"10^9（十亿）倍。2024 年 12 月，潘建伟团队发布最新的 105 比特超导量子处理器"祖冲之三号"。"祖冲之三号"求解随机线路采样的速度超过升级版"悬铃木"一百万倍，展现了目前超导量子计算的最强优越性。

光子的纠缠就能够达到 30 万公里，这样就可以对量子力学纠缠的非定域性进行更加严格的检验。第三，我们的中高轨卫星还将携带一颗极为精确的光学原子钟（光钟），其精度能够达到 10 的负 19 次方，这个精度意味着在 1000 亿年内误差不超过一秒。目前，全球的秒是由微波传递网络来定义的，国际上也在探讨通过光频率传输来实现全球化的光钟比对，推动对时间单位"秒"的重新定义。如果中国能够率先发射中高轨卫星，不仅能够建立起国际领先的授时系统，也将在未来秒的重新定义中发挥主导作用。

量子力学不仅是为了回答世界本质的哲学问题，随着量子信息技术的发展，这些技术进步也为基础物理研究提供了新手段。目前我们已经实现的光钟精度达到 10 的负 18 次方。在更高的轨道环境中，由于噪声较小，我们有望将光钟的精度提高到 10 的负 21 次方。这意味着，经过 10 万亿年，钟的误差仅为一秒。通过量子通信手段，我们可以将两个这样的钟对准，如果引力波经过，我们就能够提供一种全新的引力波探测方式。这种方法不同于 LISA 和 LIGO，它能够探测到百赫兹到几百毫赫兹的中低频段，填补现有技术无法覆盖的空白，并为更多天文现象的探测提供新的可能。

最后，关于量子计算，我们正在积极开展相关工作，力争在三到五年内完成量子纠错的原理性实验，成功实现数百个甚至数千个量子比特的相干操纵，这将有助于解决量子化学、新材料设计、优化算法等经典计算机无法解决的重要科学问题。通过 10—15 年的努力，我们预计能够构建具备基本功能的通用量子计算机，探索对密码分析和大数据分析方面的应用。

图 2-13　物理学家的思考方式

这张图（图 2-13）我想跟在座的各位同学分享。我们很多时候有两种思考方式，一种是数学家的思考方式，另一种是物理学家的思考方式，通常会得出不同的答案。这里本来是一个数学题，假设有两个房间，一边有三个开关，通过电线连接到另一边的三个电灯泡，怎么通过操作这个房间的开关，只去一次另一个房间，判断哪个开关跟哪个电灯泡相连呢？数学家会证明这是不可能做到的，他会说，开一个开关就是一个灯亮，开两个开关就是两个灯亮，无法知道哪个开关对应哪个灯泡，即使跑到另一个房间看，依然无法判断哪个开关连着哪个灯泡。但物理学家则会说，其实是可以的。先把两个开关开一会儿，然后把其中一个关掉，跑到对面的房间，看到一个灯泡是亮的，那就是与没有关掉的那个开关连在一起的；另一个不亮但是发烫的灯泡，那就是与刚刚关掉的开关连在一起的；不亮且冷的灯泡，就是与没开过的开关相连的。所以，有了物理学家的思维方式，你就可以提供一种本来认为是不可能的密码。因为数学计算很复杂，会让人觉得这个东西我好像构建不了，但有了物理学的思维方式，通常能够给我们提供一些更好地解决问题的方法。

第三讲　为机器立心：迈向通用人工智能

主讲人：朱松纯

　　朱松纯，第十四届全国政协委员，北京通用人工智能研究院院长，北京大学人工智能研究院、智能学院院长，北京大学、清华大学讲席教授。

　　朱松纯委员是国际知名的人工智能与计算机视觉专家，长期从事通用人工智能基础、计算机视觉、统计建模与计算、认知科学、机器学习与自主机器人等领域的研究，取得多项突破性成果。2003 年荣获计算机视觉领域国际最高奖项马尔奖（并于 1999 年、2007 年两度获得提名），2023 年获第五届北京市华侨华人"京华奖"，2025 年获"全国劳动模范"称号。

◇ 时间：2024 年 1 月 5 日
◇ 地点：全国政协礼堂一层大厅

📔 **主讲人寄语**

　　当前，通用人工智能作为国际科技的前沿焦点，是发展新质生产力的关键核心技术，引发了国际社会广泛关注。本次讲座首先介绍了通用人工智能当前的研究进展，探讨了"智能体"和"智能"的定义，并回顾了人工智能的历史与发展趋势；其次从原创的技术范式、独特的哲学思想和创新的组织模式三个关键问题的解决路径出发，详细阐释如何实现通用人工智能的技术路线图，并提出实现通用人工智能的关键在于"为机器立心"——赋予 AI 价值体系与认知架构；随后深入分析了如何从通用人工智能的视角解读中国传统的哲学思想，以及人工智能在智能社会治理和产业转型中的应用；最后讨论了人工智能的"中国之问"，探讨人工智能在我国的战略定位是什么，如何落实教育科技人才战略，以思想自主、文化自信推动原创引领性科技创新，以中国之思想，创世界之科技。

非常荣幸向大家汇报我们在通用人工智能方面的工作和进展。

一、从物到人的演化

从无机物到有机物的合成，再到生命体、智能体和智人的出现，体现了文明的持续演化过程。我们通过探讨物质到人类的演化，来解释"智能体"与"智能"的含义，并试图回答哲学中的三大基本问题：我是谁？我从哪里来？我将到哪里去？

那么，何为"智能体"与"智能"？现实世界中的物体运动和化学反应催生了生命，并启动了生命的演化进程，进而进入了智能演化阶段。这个阶段出现了具有智能的人，也就是智人。智能演化是一个相当漫长的过程，智能的载体——大脑，从爬行动物的大脑演化到哺乳动物的大脑，然后到人类的大脑。此后，人类进入了文明的演化，经历了原始文明、农业文明、工业文明，直到如今的数字文明。那么，未来社会中的人类将走向何方？这正是我们希望解答的问题。

无生命物体运动的物理现象，其行为完全符合机械的、物理的规律，它们所做的运动是没有生命的，是机械的。而生命体的运动不是简单的、机械的物理现象，是自主的社会现象，这是一种自主的、有着社会驱动力（价值驱动）的运动。自主运动和机械运动，区分最大的一点就是，自主运动是价值驱动的。

这就引出了一个概念——"为机器立心"，即人工智能要给机器一颗"心"，这个"心"的外在表征就是"价值"。人同样如此，作为世界上最聪明的智能体，在演化过程中，人产生了大量的、先天的价值判断。

通过心理学实验可以观察到，一名8—12个月的婴儿就会有善恶的判断，这在很大程度上体现了先天的价值判断。如图3-1所示，在该实验中，婴儿会观察两个玩具，每个玩具代表一个小动物，并在观察后做出选择：第一个实验中，红色圆形玩具尝试"爬坡"向上移动，而蓝色正方形玩具则将其推下，表现出一种恶意的阻碍行为；在第二个实验中，当红色圆形玩具向上移动时，黄色三角形玩具从下面推动它，表现出一种主动帮助的善意行为。当实验结束后，将黄色和蓝色玩具放置在一起，婴儿倾向于选择黄色的玩具，这一选择表明，婴儿已经能够通过简单的实验判断什么是善、什么是恶，进而选善弃恶。这是一个简单的价值判断，也是智能体有价值驱动的运动和物体无目的机械运动的一个根本性差别。

另一组实验表明，在人类演化过程中，产生了大量先天的价值判断，其中之一便是对合作的偏好。这一组实验对比了人类与大猩猩的行为：在一个实验中，儿童与成年人快乐地玩耍

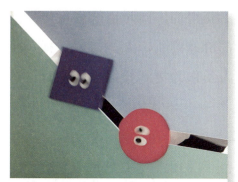 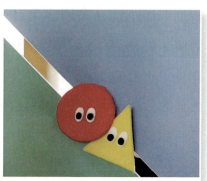

（a）红色的圆要"爬坡"，被蓝色的正方形阻止（恶）　（b）黄色的三角形助推红色的圆"爬坡"（善）

（c）婴儿选择黄色的三角形作为玩具（选善弃恶）

图 3-1　8—12 个月的婴儿选善弃恶

时，如果成年人停止与儿童的互动，儿童会主动要求继续游戏；而在另一个与大猩猩的对照实验中，大猩猩则没有主动与人类互动的意识，它倾向于独自玩耍，显示出天生在合作方面的不足。中国传统儒家文化中谈到的"仁"和"义"，是人性的根本特征，而这是在人的演化过程中获得的，同时也很有可能是基因突变的结果。通过这些先天的价值判断，人类与大猩猩在合作意识上存在显著差异，表明人类作为更高级的智能体，具有更强的"趋善""合作"的倾向。

智能是智能体在多尺度、多维度下，通过与环境和社会交互来实现大量任务的过程中所表现出来的现象，这些现象包括个体与环境的交互、内心的思维活动，以及社会群体间的合作与交流等。在自然界中，诸如风的刮动、降雨、地震、流星等现象属于物理学研究的范畴。而智能研究的对象则是各种各样的智能体在现实世界中与环境交互所表现出来的智能现象，而许多智能现象曾经是我们未曾察觉的。例如，曾经人类被认为是唯一能够制造和使用工具的物种，但后来的研究发现，许多大猩猩也具备使用和制造工具的能力：它们会用石头去砸核桃，也会找一根合适的棍子并用其从洞里面钓取白蚁食用，这些都是智能现象。

智能现象可归为六大领域：视觉、语言、认知、学习、运动、社会。

特别地，视觉领域包括识别物体、理解物体的属性，通过视觉重建所看到的三维世界场景，理解和分析场景中智能体的行为。一个经典的故事便是牛顿发现万有引力的过程：牛顿发现万有引力的时候正坐在一棵苹果树下面，苹果掉到他头上，他就思考为什么苹果往下掉落而不是往上飞。这启发了他提出万有引力的概念，开启了经典力学时代。

科学的起源在于对我们日常生活中观察到的现象的形成原

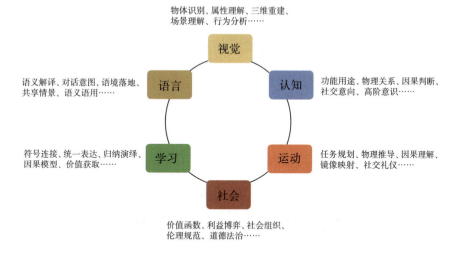

物体识别、属性理解、三维重建、
场景理解、行为分析……

视觉

语义解译、对话意图、语境落地、
共享情景、语义语用……

语言

认知

功能用途、物理关系、因果判断、
社交意向、高阶意识……

符号连接、统一表达、归纳演绎、
因果模型、价值获取……

学习

运动

任务规划、物理推导、因果理解、
镜像映射、社交礼仪……

社会

价值函数、利益博弈、社会组织、
伦理规范、道德法治……

图3-2　智能现象所属的六大领域

因和背后机理的思考。尽管目前我们人类在物理学、化学和生物学等领域已经取得了深入的研究，并对这个世界的理解日益清晰，但是对自己的研究，尤其是智能的研究还相对滞后。许多现象我们往往视为理所当然，然而实际上其背后蕴藏着深刻的理论。识别物体、感知三维世界以及理解他人的行为，这些看似自然的能力，实际上都需要深入思考其背后的机制。

　　人类能够进行对话，理解他人的意图、语境、语用和语义，领会言语之外的隐含含义，这体现了人类的语言智能；人类也具备理解物体功能的能力，例如知道水杯用来盛水、水洒在桌上会使桌面湿润，以及锤子可以用来敲碎核桃，这体现了人类的认知智能；人类还能自主规划并实施动作，例如使用筷子、揉捏面团或塑造泥塑，这体现了人类的运动智能，而这些对应于智能机器人则称为运动控制。人类具备通过学习、归纳与推理等方式获取新知识的能力，这体现了人类的学习智能。此外，人类还能够建立不同层次的社会群体，并通过社会博弈进行交流，形成相应的伦理道德和社会规范，这体现了人类的社会智能。

视觉、语言、认知、学习、运动和社会能力，通常被认为是每个人天生具备的能力。然而值得思考的是，为什么手能够自由运动？当进行捏筷子等动作时，这种能力是如何获得的？这些问题正是智能研究中的核心议题。

智能既是客观存在的现象，同时在很大程度上也具有主观性。如图3-3所示，心理学家海德和西梅尔在1944年进行了一项社会心理学实验。在实验中他们向参与者展示了一段动画，其中包含一个大三角形、小三角形和一个小圆形，这些几何图形在屏幕上进行旋转、平移和碰撞等运动。实验结果表明，大多

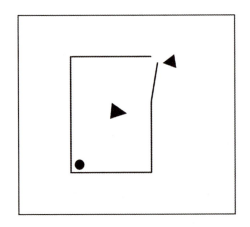

图 3-3　海德-西梅尔实验

数参与者在观看动画时会从主观的角度赋予这些图形以人物的动作、事件甚至性格特征，并试图推测其中人物隐含的，诸如恐惧、试探或逃避等情绪与意图的心理活动。从这一角度来看，人类能够理解并赋予这些图形以意义，这种现象正体现了人类的智能。

如果使用计算机等机器对上述动画进行分析，所得到的结果可能仅是：存在一个三角形进行旋转运动。然而人类却能够观察到不同的现象，这正是"智能"的体现，其本质在很大程度上反映了对世界的主观理解。佛经中提及"相由心生"，即人所观察到的现象实则是内心观念的映射。例如，人们在观看视频时，能够识别出人物之间的互动关系，就是"相"，"相"是由观察者的内心主观建构产生的。当内心中存在某个事物时，就能看到对应的事物；若内心中缺乏该事物则难以观察到对应的现象。因此，智能研究的核心问题之一便是如何实现主观唯心与客观唯物之间的融合，这也是智能产生的根本机理。

二、人工智能的发展历史与趋势

人工智能起始于 20 世纪 50 年代，其发展历史仅有 60 多年。计算机早在 20 世纪 40 年代便已出现，当时许多人将其称为"电脑"，并期望"电脑"能够模拟人脑的一些智能行为，如定理证明、下棋、知识推理和百科问答等。

人工智能的发展也经历了几次低谷，最近的一次发生在 20

世纪 80 年代。当时，人工智能面临着两个主要的难题，通常被
形容为两朵"乌云"：一是"符号落地"，即语言符号需通过与现
实世界的直接关联获得意义；二是"常识获取"，即如何让机器
获取并理解常识。这两个问题的出现类似于物理学在 19 世纪末
面临的两大挑战：一是"光速不变"，二是"黑体辐射"，这也分
别催生了相对论和量子物理的诞生，进而推动了物理学的重大
进展。

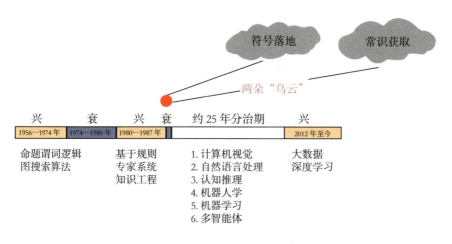

图 3-4　人工智能发展历史

　　由于面临这些挑战，人工智能进入了长达 25 年的"寒冬"
时期。这一阶段实际上是一个分治期，研究者从不同的现象出
发，对人工智能进行了分领域的研究，从而形成了六大核心领
域：计算机视觉、自然语言处理、认知推理、机器人学、机器学
习和多智能体。计算机视觉是一个很宽广的领域，研究如何使
机器具备视觉能力；自然语言处理和认知推理则强调心智过程与

因果关系的理解；机器人学、机器学习和多智能体则关注于人工系统的模拟构造、学习能力以及多智能体之间的协作与社会互动。经过约 25 年的分领域发展，人工智能在过去十年间迅速升温，成为热门研究领域。

接下来简要介绍一下第一朵"乌云"——符号落地，为什么如此具有挑战性。

当我们睁开眼睛时，能够看到一幅图像，但实际上我们看到的是什么呢？在视网膜或胶卷上，图像表现为一个矩阵，每个矩阵中的点即为一个像素，100 万像素意味着图像由 100 万个像素点组成，而每个像素具有一个位于 0 到 99 之间的灰度值，其中 0 表示黑色，99 表示白色，中间的值则表示不同的灰度值。对于彩色图像，每个像素点包含红、绿、蓝三种颜色的数值。由此可见，从表面上看，图像的呈现实际上非常复杂。

如图 3-5 所示，这张图像是我在 1992 年于哈佛大学留学时，学习计算机视觉课程的第一次作业。当时老师将这张图像打印出来，并要求学生猜测图像中蕴藏的内容。通常情况下，即使花费一天的时间，也难以明确识别图像的具体含义，因为其中蕴含的可能性极为丰富。

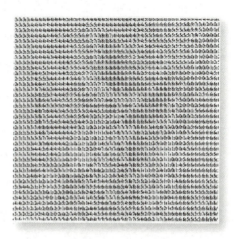

图 3-5 图像"天书"

当看到这张图像的时候，

它的复杂度往往令人一筹莫展。所谓的符号落地，指的是我们虽然看到的是信号，但是我们需要理解的是这些信号所代表的具体符号是什么。符号是什么呢？这张图像中可能包含一只狗、一个人、一个杯子或一间厨房，这些都是符号，代表着特定的概念。那么，如何从这些信号中提取出相应的符号？这一问题同样存在于语音识别中。例如，当我们发出一段波形语音时，这段语音同样是信号，但我们需要理解的是波形语音背后具体传达的内容，这就涉及将信号转化为符号，或者说实现符号落地。

另外一朵"乌云"是常识获取。那么何为常识？常识包括物理常识和社会常识。

物理常识指的是在日常生活中与物理世界交互时所积累的普遍共识。这些物理常识看似简单，实则蕴含着深刻的复杂性。例如，孩子拿着罐子玩水、玩纸、撕碎纸片，成年人叠衣服，这些都是在日常生活中很简单的事情，但完成这些事的过程中包含着非常难的问题：如何完成这些动作？看似最简单的行为，其背后也可能隐藏着复杂且困难的实现过程。

社会常识指的是在社会交往中需要掌握的基本知识。将孩子送入幼儿园的一个重要目的，是让他们学习并体会各种社会常识，例如如何与他人交往。社会常识的一个核心问题是推测他人内心的想法。举一个简单的实验：如图3-6所示，有一名成年人双手拿着物品，打算将其放入柜中，但由于双手拿着物品被占用，无法打开柜门。这时一名约一岁的小孩主动走过去帮忙打开柜门。这个看似简单的举动，实际上要求小孩首先理解整个情境，知道这名成年人想做什么，然后才会主动提供帮助，这就是通常所说的"眼里有活"。

实验中的小孩表现出了自主性，而目前的机器人在很大程度上则是被动的。例如，机器人只能执行事先设计好的任务，对于未被预设的任务，它往往无法做出反应，而是停滞不前。因此，要真正发展通用人工智能，我们需要使机器人具备"眼里有活"的能力。

上述讨论的符号落地与常识获取，在人类的日常生活中已有广泛体现。通常情况下，儿童在进入幼儿园之前即已具

图 3-6 心理学实验之"眼里有活"

备一定程度的与符号落地、常识获取相关的智能能力。然而目前人工智能研究所面临的最为困难和亟待解决的问题，正是符号落地与常识获取方面的问题，而非诸如下棋等任务。事实上，对于下棋，得益于解决了部分符号落地的相关问题，人工智能

在这些方面已取得较好的进展。

从未来的发展趋势来看，人工智能研究需要从 20 世纪 80 年代的六大领域"分治"阶段逐渐走向统一。中国传统谚语"分久必合，合久必分"亦适用于人工智能领域。也就是说，过去人工智能领域被分开来各自研究，现在到了需要集成统一、走向通用人工智能的阶段。

我们预测人工智能发展的趋势有三个。

第一个发展趋势是人工智能六大领域将走向交叉融合与统一：计算机视觉（怎么看）、自然语言处理（怎么听）、认知推理（怎么想）、机器人学（怎么进行运动规划和控制）、机器学习（怎么学）、多智能体（怎么在社会中协同行为），通过交叉融合，整合统一起来。

为此，对于人工智能，需要建立一个统一的理论框架，这跟物理学的大统一理论很相似。物理学家希望找到一种理论，来统一描述四种基本相互作用（强相互作用、弱相互作用、电磁相互作用和万有引力）以及刻画宇宙中各个尺度的物理现象。那么，我们也希望有一种理论来统一这些智能现象，来解释为什么有这样的智能现象。同时，我们要构造一个通用的智能系统，这相当于要造"人"，就是造出与人类似的智能体；然后考虑如何在一个仿真的虚拟环境中测试它，进而在真实的物理环境中测试它。这些都是我们研究的主要方向。首先，简单的物体碰撞基本上是用势能函数来表达的。比如，高中物理中介绍的弹簧，其伸缩可用一个势能函数来描述。对势能函数求导数就导出了各种力的概念：拉力、压力等。其次，通过简单的物体碰撞，我们发现物体和人、人和动物、动物和动物、人和人之间的相互作用，都有一个价值函数，存在一个价值系统，这些相互作用引起的运动受各种各样的价值所驱动。因此，关于这个统一的理论框架，我们说有两套系统：一套叫作 U 系统，它由各种势能函数（U 函数）组成；另一套叫作价值系统（V 系统），它由各种价值函数（V 函数）组成。

第二个发展趋势是人工智能与其他学科的交叉升级，并由此不断开拓其外延。人工智能与其他学科有着天然的交叉契机，最近几年这种交叉不断升级、拓展。比如，人工智能与认知心理学交叉，形成了计算认知；人工智能与脑科学和神经科学交叉，形成了类脑计算；人工智能与统计学交叉，形成了机器学习；人工智能与自动化机械工程交叉，形成了智能机器人、机器人控制、自主机器人等；人工智能与医疗交叉，产生了精准医疗（比如手术机器人、智慧健康等）；人工智能与法律和社会科学交叉，产生了人工智能伦理、人工智能安全、人工智能社会治理等；人工智能与人文结合产生了计算社会、计算文明。另外，人工智能与艺术结合，产生了音乐人工智能、人工智能话剧等。

所以，人工智能本身是一个多学科交叉的新兴学科（交叉学科），其发展需要多个其他学科的支撑；同时，它又与其他众多学科进行着广泛、深入的交叉，不断地拓展它的外延，支撑其他学科的发展。

第三个发展趋势是人工智能与人类文明碰撞和融合。人工智能将渗透哲学与美学等范畴。为什么这么说呢？其实，我们研究人工智能，希望最终能造出真正像人、类人的智能体，那么智能体就需要有自己的价值判断。所以，我们研究的人工智能系统，也要类似于我们每个个体以及整个人类社会文明，有两套系统：一套是 U 系统，它是各种规范，属于理性的部分；另一套是 V 系统，它是价值判断部分。

1919 年发端于北京大学的五四运动其实是西方文明和东方文明进行碰撞和融合的一个起点，到现在已经过了 100 多年的碰撞和融合。哲学家胡适先生曾提到，东方的哲学从中国古代和印度而来：佛教传到中国后在六朝唐代盛行，其与中国古文化融合，逐渐形成我们丰富的中华文化和东方文明。东方文明有自身的规范：U 系统和 V 系统。西方文明，它从古希腊开始，吸收了犹太教、基督教文化，在罗马时期得到了发扬光大和统一，经过近代、现代的发展，演化为当今的西方文明。西方文明当然也有自身的规范：U 系统和 V 系统。胡适先生认为，世界将来的哲学是东西方文明进一步融合的结果。也就是说，两种文明融合成我们所说的新的规范——U 系统和 V 系统。

从近几年开始，随着人工智能的飞速发展，人类和人工智能体会共存，进入一个人机共存的社会，就像我们现在所说的元宇宙，各种虚拟人会进到我们的世界中来。智能体也会有其自身的 U 系统和 V 系统。那么，我们需要重新思考人性和人文，在新的数据和人工智能发展的基础上建设人文，我们还要重新考虑整个文化体系的构建。

三、人工智能战略

基于前面的介绍，我国的人工智能战略是什么？作为一个国家，中国应如何去应对新的挑战？下面就这两个问题进行讨论。

关于人工智能，习近平总书记在主持第十九届中共中央政治局第九次集体学习时强调，人工智能是新一轮科技革命和产业变革的重要驱动力量，加快发展新一代人工智能是事关我国能否抓住新一轮科技革命和产业变革机遇的战略问题。基于这一方面，近几年人工智能技术的发展超越了学术、产业层面，上升到政治和国家安全的层面，成为大国竞争的焦点，迅速被提升为国家战略。

为了实现国家战略目标，加强人工智能人才的培养迫在眉睫。关键科技的发展最终还是需要人才，特别是顶级的领军人才。然而，美国和一些国家出台了很多针对中国的限制策略，进行技术封锁和竞争。根据人力资源和社会保障部在 2020 年 4 月 30 日发布的《新职业——人工智能工程技术人员就业景气现状分析报告》，目前我国人工智能高级人才的缺口巨大，供求比例大约为 1:10。大型国企、政府部门、高等学校等单位，难以招到合适的人工智能人才，缺口约为 500 万人。

据统计，截至 2022 年 2 月，共有 440 所高等学校设置了人工智能本科专业，248 所高等学校设置了智能科学与技术本科专业。2022 年 9 月，教育部公布智能科学与技术作为交叉门类的一级学科，也即与计算机科学与技术并列作为一级学科。

60多年前，电子学、数学、物理学等学科交叉融合，形成了计算机学科，我国也在20世纪60年代出现了第一批计算机专业的毕业生。经过60多年的发展，一个新兴学科——智能学科——诞生了。智能学科从心理学、哲学、机器人、控制、自动化、统计学等多个学科的角度来研究人工智能问题，最终形成了独立的交叉学科。北京大学智能学科率先被列为"双一流"建设学科，并得到了大力发展。如果现在的学生选择投身智能学科的学习，将会是第一批真正接受覆盖了人工智能方方面面完整教育的人。之前从事人工智能研究的人，是从心理学、机器人、控制、统计学等其他相关学科转移到人工智能的，对人工智能并没有经过完整、系统的学习。而第一批全面接受智能学科完整系统教育的人，得到了最大的机遇，未来的发展空间将会是巨大的。

关于人工智能的学科归属问题，普遍存在将其划归计算机学科领域的认知倾向。那么人工智能到底是不是计算机学科的一个部分？在众多高等学校中，人工智能确实是设在计算机学院里面的专业方向，这一情况也来自其历史发展背景。

但是，人工智能与计算机学科存在重要的区别。计算机学科的方向是制造和应用计算机，其课程涉及硬件系统、网络、操作系统（软件系统）、编程语言等，软、硬件系统和网络是其核心课程。为了完成不同任务，可设计出以计算机和网络作为基础的，在操作系统之上运行的各种应用程序——APP。APP通过编程产生，从而能够在计算机上运行。

计算机系统的基本运行流程如图 3-7 所示。

图 3-7 人工智能发展历史

智能系统的基本运行流程是另外一种流程，其目的是制造智能体，如图 3-8 所示。人、小猫、小狗都是智能体，虚拟人、机器人也是智能体，只不过其能力有强弱之分。智能体不仅是个"计算机"，还具备"眼睛"，能行动、会思考，所完成的是任务而不是指令，属于更高层次的系统。

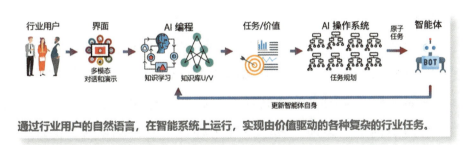

图 3-8 智能系统的基本运行流程

智能体也有操作系统。智能体操作系统里是各种任务、规划的操作流程。比如，喝茶时需要清楚倒茶的流程；吃饭时需要清楚吃饭的过程；要打扫卫生，需要明确房屋清洁的所有步骤等。人们每天面临的大量任务都是通过操作系统来驱动身体去执行的。

那么，任务是怎么产生的呢？答案是价值函数。比如，我们之所以要去做一件事，是因为感知上认为那样会更好，更有利于自身。通过价值判断，我们就被驱动了。再比如，觉得天热了，就选择把窗户打开，或者把空调打开通风，把温度降下来，这是因为人体不喜欢过高的温度（如 22℃是人体最合适的温度，则价值函数的最大值就在 22℃）。

同样的道理，价值函数可以定义在方方面面，比如善恶、合作等都可以定义价值函数。从而，在未来我们跟智能体打交道时就不是单纯地跟"键盘"打交道，而是通过语言把一个智能体当成一个人一样进行交流。交流的过程，实际上就是在对它进行编程。智能体与人类交流获取的知识，被用以更新其自身的价值判断，这在计算机以及计算机的理论架构里面都是不存在的。

因此，智能学科本身是一门独立的学科，也是一门科学，它的目的是要用一个统一的理论和系统来解释、实现各种各样的智能现象。从国家的战略层面，我们要把北京市变成一个人工智能的创新策源地。我国发展了好几个城市和地区，比如北京、上海和粤港澳大湾区，它们属于第一梯队，还有其他城市在第二梯队里面。这些城市和地区也都在建设人工智能创新区，只是布局不同。但是，关键的问题还是要建立一支能够体现国家意志、服务国家需求、代表国家水平的人工智能"国家队"，能够在人工智能这个领域打造一支"科技王牌军"。

无论是北京通用人工智能研究院，还是北京大学智能学院或者人工智能研究院，都希望培养一批科班出身的人工智能领军人物，组建一支"科技王牌军"来参与国际前沿的竞争，我们的核心目的就是迈向通用人工智能。

四、迈向通用人工智能

实现通用人工智能是人工智能研究的初心，我们希望制造出一个真正像人或者是其他智能体的通用智能体，它能够完成无穷的任务。这个初心也是我们的终极目标。通用智能体，是指能够自主地给自己定义任务，具有感知、认知决策、学习、执行和社会协作能力，同时又符合人类情感、伦理和道德观念的智能体。

下面通过一个有趣的例子，对通用智能体进行解释。

在某个城市有一只野生乌鸦。它要自主地在这个城市生存，没有人教它。它具备基本的能力，有视觉，能看懂一个物体，即能够知道一个物体的结构和内涵。它要存活下来，首先需要进食。它找到了核桃，却打不开，于是它把核桃扔在路上，让来往车辆将其压开。开始，核桃被压开了，它却吃不着，因为车来车往，吃核桃的时候有生命危险，而生命只有一次，不能试错。后来它发现：把核桃扔在斑马线（人行道）上，核桃被压开以后，待行人通行的灯亮时，两边车都停住了，它就可以从容不迫地走过去，吃到这个核桃。

这只乌鸦就是一个非常典型的通用智能体。没有人教这只乌鸦，也没有其他乌鸦教它，它能够自主地想出如何吃核桃这个问题的解决办法，或者说适应环境，完成"把核桃打开并吃到"的任务。在完成这项任务的过程中有一个很强的因果链和价值链，乌鸦自动地通过少量的数据，把这个因果链和价值链想明白了，它完美地完成了这样一个吃核桃的任务，最后它就能够生存下来。

在通用智能体发展中，存在两种人工智能范式的竞争：乌鸦范式和鹦鹉范式（如图 3-9 所示）。

乌鸦范式人工智能，要解决的是"小数据大任务"的问题。首先，仅需要少量的数据；其次，要完成大量的任务。比如上面例子提到的那只乌鸦，它只看到了一些没有标注的"数据"，也没有大量的数据训练；但是，它要完成大量的任务：既要能够识别物体，找到核桃，又要能够学习、推理、执行（包括多种行动），等等。

· 自主的智能：感知、认知、推理、学习和执行
· 不依赖大数据：没有标注的训练数据，无监督学习

（a）乌鸦范式——"小数据大任务"

· 需要大量重复数据来训练
· 可以说人话，但不解话意
· 不能对应现实的因果逻辑

（b）鹦鹉范式——"大数据小任务"

图 3-9　两种人工智能范式

现在很多人工智能其实是一种大数据人工智能，我们将其称为鹦鹉范式人工智能。鹦鹉能够学舌，我们重复一句话，它一般也能学着说这句话，但大部分情况下它并不理解这句话的实际含义，也不理解其背后的因果关系，只会在某个场景中突然冒出这句话来。现在的智能音箱就经常出现这种状况。

鹦鹉范式人工智能，就是通过大量的数据来完成任务。给定某一个具体的训练任务，比如人脸识别，用大量的人脸数据去训练人脸识别系统，从而完成这个识别任务。但是，对于人脸识别之外的任务该系统就无法适用，它只能完成这一项任务。

通用智能体需要完成大量的任务。乌鸦的行为和学习范式，给了我们启示和方案。它的体积非常小，功耗非常低，且不需要大量数据就能完成大量任务，这是现今人工智能系统远远达不到的效果。这是怎样形成的？怎样才能够达到这样的智能？希望同学们，我们年轻的一代，要思考这样的问题。

通用智能体还包括机器人和虚拟人（如图 3-10 所示）。机器人，我们大家都知道。虚拟人，现在也已蓬勃发展。虚拟人是由人驱动的，其实它就类似"皮影"。2022 年被称为"元宇宙"的元年，而且 2022 年全球人口突破了 80 亿大关。我认为，未来虚拟人的数量，一定会超过全球人口的总数。在游戏空间中，有很多游戏已经出现了多种虚拟人。随着人工智能研究越来越发达，这些虚拟人就会越来越自主、越来越像人，甚至会超过人。

也就是说，未来智能体的数量会远远超过人类的数量，这

（a）机器人　　　　　　　　　（b）虚拟人

图 3-10　机器人和虚拟人

就会出现一个新的社会形态。无论是元宇宙还是虚拟人，其背后的核心技术都是所谓的通用人工智能，也就是能造出能够完成很多任务的智能体：能思考，即具有认知推理的能力；会看，即具备计算机视觉技术；能够听和说自然语言；能够自主学习、运动和规划；多智能体间能够协同适应社会；等等。简单来说，通用人工智能就是要求有"造人"的能力。

当造出这样一个"人"后，怎样衡量它的智能标准呢？我们参照了人类婴幼儿和儿童的发展规律，如图 3-11 所示，比如参照 6、12、24、48 个月以及大于 72 个月的婴幼儿和儿童，考虑这个"人"能够实现哪些功能。

我们也通过前述的两套系统：U 系统和 V 系统，对所造出的"人"进行智能标准级别评定。也就是说，机器人（所造出的"人"）和人一样有两套系统：U 系统，就是机器人的能力；V 系统，就是机器人的价值体系。这一点类似我们的档案系统，比如一名同学毕业时，会有一个对他的能力评价，如语文能力如何、数学能力如何，都会由评价系统给出相应的评价；同时还有一个

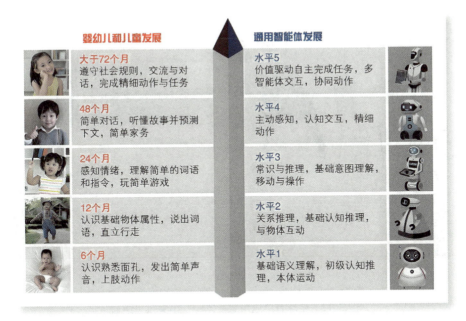

图 3-11　婴幼儿和儿童发展与通用智能体发展的对照

表现评价，就是这名同学的平时表现，如政治表现、性格特点、价值取向等，一般由班主任给予评价。

同样的道理，机器人要有这两套系统：能够识别多少物体、能够听懂多少话、是否会下棋等，这都属于它的能力，属于 U 系统；而它喜欢什么、不喜欢什么，则是它的取向，属于 V 系统。

下面给大家简单介绍一下我们打造的全球首个通用智能体——小女孩"通通"。

"通通"生活在一个高度仿真的数字场景中，能够综合处理视觉、语言、触觉、声音等多个感知通道的信息，具备观察、理解和行动的能力。例如，当研究人员通过虚拟手意外将牛奶碰洒在桌面上时，无须提示，"通通"就会主动找到抹布清理桌

图 3-12　全球首个通用智能体——小女孩"通通"

面上的牛奶污渍。她不仅能够感知手的动作与牛奶的位置，还能通过认知推理判断牛奶洒落的状态，并结合自身"爱干净"的价值观采取行动。这展现了"通通"在因果推理和价值驱动上的自主决策能力。我们对"通通"的设计充分考虑了价值对齐能力：她能够基于自身的价值体系，在任务执行中展现对人类意图和行为规范的理解。随着"通通"的持续迭代，她的能力和表现出的智力水平也在稳步提升，预计在 2025 年内将完全具备人类 6 岁儿童的智能水平。①

① 　2025 年 3 月 29 日，"通通"2.0 正式发布。"通通"从一个大约 3 岁的小女孩"成长"为了一个初步具备 5—6 岁孩童智力的小朋友。相较于"通通"1.0，"通通"2.0 在语言、认知、动作、学习、情绪、交互等方面都实现了多种核心能力的升级。"通通"2.0 可以实时响应外界场景的变化，并进行反思和重新规划，对已有任务进行挂起、恢复、修改或取消等处理，同时动态生成新的任务规划，从而以更灵活、智能、多变的方式完成指令。

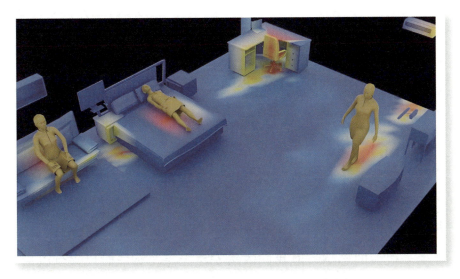

图 3-13　机器人在仿真环境下经历各种日常事务

接着介绍一下怎样在一个仿真的环境下让机器人去经历各种日常事务（如图 3-13 所示）。我们首先利用各种三维的物体构造各式各样的场景，可以是室内场景，比如车库、厨房、健身房等，也可以是室外场景，还可以是各种风格的场景（中式的、日式的）；然后，在场景中让机器人去体验、学习，比如体验、学习怎样削苹果、倒水及工具的使用，并且从中教会机器人使用工具，做各种各样的任务，比如烧水、砸核桃等。机器人通过观察并学会后，它就可以做到举一反三，因为它能够理解因果关系和物理规律，并不是靠死记硬背来做事。在同一个场景里，人和机器人可以协调共事，比如一起榨果汁。在这个过程中，人可以让机器人停下来，让机器人解释它在干什么、为什么要这么做等，从而通过人机合作打开机器人行为的"黑箱"，使得人和机器人能够形成互信。上面介绍的通用智能体"通通"

的各项能力就是通过这种方式，在大量仿真场景下体验、学习获得的。

我们认为智能时代已经来临。以技术来划分，从蒸汽机开启了工业时代，到发电机开启了电气时代，再到计算机开启了信息时代，最后到智能时代的到来，人类进化的历史就是一部人与机器共同进化的历史。

大家有顾虑：高度发达的通用智能体到来了以后我们该怎么办？其实，蒸汽机、发电机和计算机来的时候，对我们社会都产生了很大的影响，但我们依然安然无恙。智能时代来到以后，同样会对我们整个社会产生巨大的影响。人类完成了从自然人到社会人的进化，正处在向智能人进化的阶段，我们希望从哲学的高度和视角给予解释与引领，从全球的视野和人文的高度创造出与科技进步相匹配的新思想、新理论。

我们在北京建设了一个国际一流的新型研发机构——北京通用人工智能研究院，并获批了一个新的全国重点实验室——跨媒体通用人工智能全国重点实验室，目的就是造出一个通用智能体。我们用汉字"通"设计了一个标志（图 3-14），正好包含了 A、G、I 三个字母，其中 A 代表 Artificial，G 代表 General，I 代表 Intelligence。我们把这个 I 设计成一个女娲

图 3-14　汉字"通"的一种解读

的形象，寓意就是"造人"，即我们要实现这么一个通用智能体：具有自主的感知、认知、决策、学习、执行和社会协作能力，符合人类情感、伦理与道德观念的通用智能体。

在未来的世界，我们人和机器人该如何相处，对此各种科幻小说（例如《黑客帝国》等）都进行了猜想。与其猜想，不如行动。我们认为最核心、最关键的问题，就是要基于人的认知架构，形成人与机器人价值的双向对齐，从而使人和机器人产生互信。

2022 年 7 月 22 日，《科学》杂志官网头条报道了我们团队的研究工作。这项工作的论文题目是 *Bidirectional Human-Robot Value Alignment*，即我们人和机器人要实现价值对齐。其中包括四个对齐：对齐我们的语言、对齐我们的行动规则、对齐我们的共同决策函数和共识、对齐我们的价值。只有这样，人和机器人才能够互信，无须害怕。就像在电影《超能陆战队》里面，大白机器人和人形成的和谐共处的关系，展现了一个人和机器人和谐共处的场景。

下面介绍一下我们在北京大学设立的通用人工智能实验班（简称通班）。设立通班，目的就是要利用北京大学雄厚的师资和交叉学科的优势，培养一批国家战略性的通用人工智能人才。

全球人工智能排名榜单 AIRankings 对 2015 年至 2025 年 10 年间的最新统计显示（AIRankings 指数：过去 10 年间国际 50 多个顶级核心期刊和会议上发表论文的加权指数），北京大学在

500 多所国内外高等学校中排名全球第一。从体量上而言，实际上北京大学和清华大学在人工智能领域已经站在了世界前列。

元培学院是北京大学的一个本科学院，是一个可以自由选择专业方向的学院。我们的通班依托元培学院，希望培养一批科班出身的人工智能人才——通用人工智能人才。我们提出的理念是"通识、通智、通用"。

我们响应国家强调的教育、科技、人才"三位一体"的政策，把通班的培养和北京通用人工智能研究院的实践平台结合起来。中央广播电视总台《焦点访谈》于 2022 年 11 月报道了我们的实践活动。我们从海外引进了 30 多位名牌大学的博士来培养这一批人才，这是一个巨大的历史机遇。希望年轻一代的学生来和我们一起探索，共同建造一个人机和谐的理想社会！

第四讲　理解宇宙

主讲人：武向平

　　武向平，第十二、十三届全国政协委员，第十四届全国政协常委，中国科学院国家天文台研究员，中国科学院院士。

　　武向平常委主要从事宇宙学和射电天文学的研究，发起并主持了在新疆天山地区开展的"宇宙第一缕曙光探测"科学实验，担任国际大科学工程"平方公里阵列射电望远镜SKA"中国首席科学家。曾获中国青年科学家奖（1994）、中国科学院自然科学奖一等奖（1999）、国家自然科学奖二等奖（2000）、"全国野外科技工作先进个人"称号（2009）、何梁何利基金科学与技术进步奖（2011）等荣誉奖项。

◇ 时间：2024 年 4 月 2 日
◇ 地点：北京市第三十五中学高中部志成讲堂

 主讲人寄语

　　仰望苍穹，人类一直都在追问：宇宙从哪里来？宇宙到哪里去？谁在决定宇宙的命运？随着科技的巨大进步，人们已经能够探测到 138 亿年前宇宙大爆炸火球的遗迹，已经能够目睹镶嵌在大爆炸火球上宇宙结构原初的种子，已经能够重构宇宙演化的历史，甚至能够准确地预测宇宙未来的命运。然而，主宰宇宙命运的神秘暗物质和暗能量却一直未显露真容，数十年寻找的零结果很可能预示着自然科学理论体系正在面临百年未有之大变局。本次讲座将带领大家开启一段宇宙之旅，穿越时空的长河，感受浩瀚宇宙的魅力。同时面对尚未解决的系列宇宙学疑难，展望未来自然科学理论体系可能的机遇与突破。

面对浩瀚的宇宙，人们总是有很多的问题。三个灵魂之问：我们是谁？我们从哪里来？我们要到哪里去？虽然这些问题到现在我们也没有完美的答案，而天文学家却又提出了三个更宏大的问题：宇宙是谁？宇宙从哪里来？宇宙要到哪里去？

首先，让我们感受一下宇宙之大。起始点以我们非常熟悉的尺度 1 米开始，如果每次我们把这个尺度增加 1000 倍，扩大多少次 1000 倍才能到达宇宙的尺度呢？答案是从 1 米起增加 9 次 1000 倍直至 10^{27} 米，我们才到了可见宇宙的大小，半径大约是 453 亿光年。而这并不是整个宇宙的大小，仅仅是我们可以观测宇宙的范围。

在这个茫茫的宇宙中我们又在何处？古人仰望星空，感叹道"天圆地方、身在中心"，那么我们是否在宇宙的中心呢？是的，我们的确处在宇宙的中心，但不仅地球，月球、太阳和任何一个星球都在宇宙的中心，事实上宇宙根本没有中心，或者说处处都是中心，而这个所谓的"中心"，已经失去了特殊的地位。

我们生活在地球上，而地球只是太阳系里不起眼的八大行

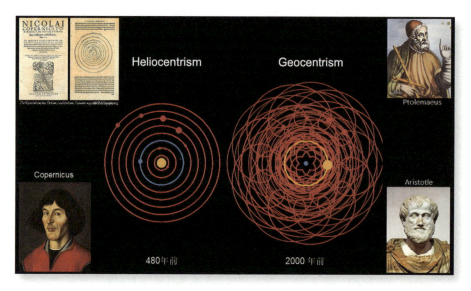

图 4-1　人类认识宇宙的历史：从两千年前的地心说到五百年前的日心说

星之一，而太阳又是银河系里数千亿颗恒星之一，在我们今天生活的可见宇宙中，又有一亿个像银河系这样的星系。

我们再从时间的跨度上来看：宇宙存在了 138 亿年，银河系存在了 136 亿年，太阳系存在了 45.7 亿年，地球存在了 45.5 亿年，而人类只存在了大约 300 万年（以考古发现的头盖骨化石计算）。用人们熟悉的时间单位做简单换算，如果宇宙的年龄为 24 小时，那么人类只存在了 18 秒。无论在时间跨度还是空间尺度上，人类都显得如此渺小，有没有你我、有没有地球、有没有太阳、有没有银河系，都没有影响宇宙的存在和演化。所以有人问天文学家：当你们看完整个宇宙以后是不是觉得人类活得很渺小和没有意义？

天文学家的回答却是恰恰相反：虽然在空间和时间尺度上人

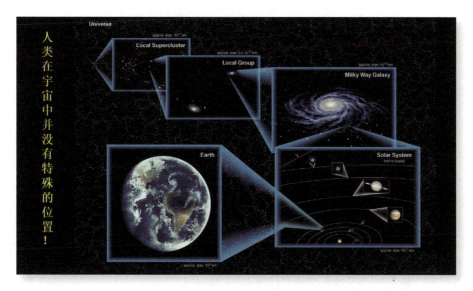

图 4-2　地球、太阳系和银河系在宇宙中的位置：我们没有特殊的位置，
我们也微不足道

类都那么微不足道，但是人类在短短的 300 万年的时间里创造出了璀璨的文明，能够知道宇宙万物演化的规律，看到宇宙的各个角落发生的故事，这是地球上 32 亿年生命史里任何其他生物都不曾做到的。另一方面，至少到目前为止，我们尚未在宇宙中发现比人更加聪明和有智慧的生物。

那么，宇宙到底从哪里来呢？从古至今关于宇宙的起源有着各种各样的传说和故事，但真正现代宇宙学的起源却源于一个标志性的事件：1929 年哈勃发现了宇宙膨胀。哈勃用了一个众所周知的原理，也是生活中的一个常见现象：当救护车从远处开过来，鸣笛声会变得越来越尖锐；但当救护车远离我们而去时，鸣笛声会变得越来越沉闷。那是因为当救护车离我们越来越远时，声波被拉长；当它离我们越来越近时，声波被压缩，这就是

著名的多普勒效应。1929 年,哈勃观察围绕着银河系附近的 24
个星系发出的光,他发现这些光和地球上的光相比波长都变长
了。于是,他得出一个非常简单但又惊奇的结论:这些星系正在
离我们而去。并且他还进一步发现,离我们越远的星系,退行
的速度就越快。目前人们把它称为哈勃定律。

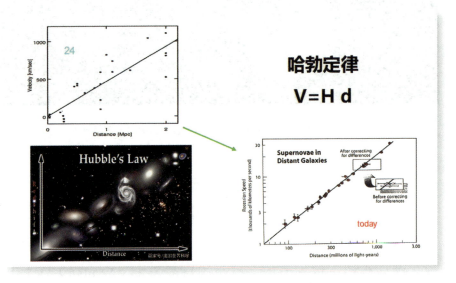

图 4-3　哈勃于 1929 年发现了围绕银河系的 24 个星系的退行,
其退行速度与距离成正比

当年哈勃使用的望远镜口径还很小,仅能观测银河系附近
的星系。后来,天文学家把哈勃的观测范围扩大了千万倍,直
至宇宙的深处,依旧看到了大致相同的现象。这意味着距离我
们越远的星系,它的速度会越来越快,由此也带来了一个巨大
的困惑,宇宙如此之大,总能找到一个距离足够远的地方,在
那以外的星系退行的速度比光还要快。然而,这显然与爱因斯

坦的狭义相对论是相矛盾的。当哈勃发现宇宙膨胀时，爱因斯坦的相对论已经建立，而只要哈勃观测是正确的，就有超光速现象。显然，二者之间出现了矛盾。人们在质疑：哈勃的观测正确吗？爱因斯坦的光速不变对吗？很快人们就意识到，他们都没有错，而是我们对哈勃的观测现象背后的成因理解错了。其实，哈勃观测到的光波长变长并不是运动星系造成的，并非多普勒效应，而是星系之间的宇宙空间发生了膨胀。

既然宇宙空间是膨胀的，则会面临一个非常自然的推论：如果沿着时间往回看，今天的宇宙比昨天的大，昨天的比前天的大，这样不断地追溯，宇宙空间越来越小，直到整个宇宙中的物质汇聚到一个"点"。而沿着时间发展的方向看，则宇宙是从一个极小的空间爆炸出来的。因而诞生了宇宙大爆炸学说最初的雏形。

如果宇宙真的来自大爆炸，那么就一定存在爆炸的"火球"，而且爆炸之初火球的温度很高，但随着宇宙空间膨胀得越来越大，温度会降得越来越低。只有找到大爆炸时留下的火球遗迹才能真正证明宇宙起源于大爆炸。20 世纪四五十年代，苏联的一位物理学家伽莫夫，根据当时有限的观测知识，预测出了大爆炸火球的温度冷却到今天大约在 $-267℃$。如果温度如此之低，人们还能看见大爆炸的火球吗？答案是肯定的。即使温度降到 $-270℃$ 左右，充满宇宙的大爆炸火球低温光子依然在无线电波段有辐射，虽然不再是可见光了。

1965 年，贝尔实验室的两位工程师凭一个偶然的机会在无线电波段"看"到了弥漫在宇宙空间大爆炸火球的遗迹，温度是 $3.5\pm1K$，摄氏温度是 $-270.5\pm1℃$。此发现获得了诺贝尔物理学奖。

今天来看，大爆炸的火球最亮的部分在哪儿呢？答案是 167 赫兹，或波长是 1.873 毫米，1.873 毫米大概是我们的眼睛瞳孔的大小。而这个波段正是我们熟悉的微波波段，所以我们也把大爆炸火球的遗迹称为宇宙微波背景辐射。

至此，人们应该有理由相信宇宙是来自大爆炸。但天文学家很快发现一个问题：虽然两位工程师看到了来自四面八方的宇宙"火球"遗迹，但却是一个由高温火球冷却了 138 亿年的低能光子辐射场，根本无法解释今天宇宙中各类天体的存在：今天的宇宙中不仅有银河系这样的星系，也有太阳这样的恒星等等。那么形成今天宇宙中万物的原初"种子"又在何处？能否在宇宙大爆炸的火球上找到这些原初种子遗留的痕迹？

1992 年，天文学家利用天文卫星测量了宇宙微波背景上的温度变化，结果发现了在看似均匀的大爆炸火球上却存在着十万分之一的温度涨落，如此微小的"起伏"便是宇宙结构原初"种子"的痕迹。此结果被随后大量天文观测证实，因此此项发现也获得了诺贝尔物理学奖。目前，科学家们已经可以借助庞大的计算机，模拟出 138 亿年里宇宙结构的形成和演化，并得到了与天文实际观测统计上完美一致的图像，直接展示宇宙波澜壮阔的辉煌演化历史。

人们已经发现了宇宙膨胀，看到了宇宙大爆炸的"火球"，

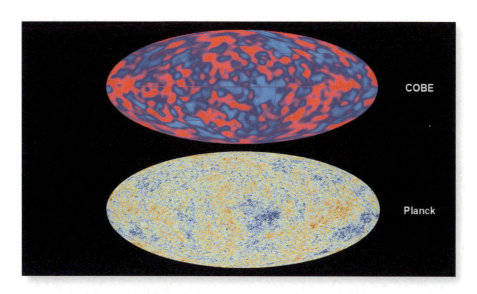

图 4-4　COBE 卫星首次观测到了宇宙微波背景辐射的涨落，而 Planck 卫星则揭示了微波背景辐射的更精细结构

图 4-5　由千禧模拟给出的今天宇宙大尺度结构，与天文观测完美一致

也找到了火球上宇宙结构的"种子"。但是纵观整个宇宙，不仅有个头巨大的星系和大尺度结构，还有五彩缤纷的恒星、行星、星云等小天体。那么，它们又是从何而来的？环顾我们的世界，无论是雄伟的山脉，还是娇羞的小草，抑或我们呼吸的空气以及我们人类自己，都是由元素构成，换言之，元素构成了我们的物质世界。现在，天文学家也为众多化学元素找到了它们的出处：化学元素绝不是地球上独有的，除人工合成的重元素外，其他元素在其他星球也广泛存在，而且这些元素几乎不是经历地球形成和演化才产生的。

原子是由质子、中子和电子组成的，在宇宙诞生的最初三分钟，随着宇宙逐步冷却和膨胀，温度和密度降低，核合成开始发生，形成了氢和氦两种宇宙中最轻的元素，且氢占77%，氦占

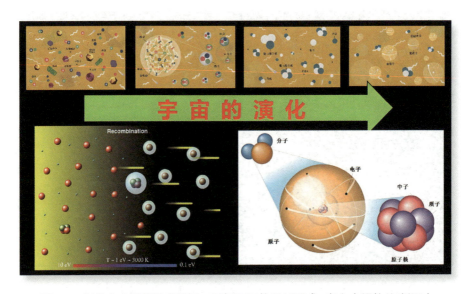

图 4-6 随着宇宙膨胀温度降低，原初原子核得以形成：宇宙大爆炸的降温过程造就了宇宙中 77% 的氢和 23% 的氦

23%，其他重元素几乎很少。而太阳的元素占比很好地印证了这个结论，所以我们的太阳几乎是一个由原初气体组成的恒星。

化学元素周期表里面有118种元素，除了排列在最后的重元素，那么其他元素从何而来呢？事实上，宇宙演化中恒星的生命循环过程创造了我们在化学元素周期表里熟知的绝大部分元素。恒星根据其质量不同会有三种不同的宿命：质量较小的（如太阳）最终变成白矮星结束其一生，质量大一些的以超新星爆炸变为中子星（即脉冲星），更大质量的恒星则通过超新星爆炸直接变为黑洞。像太阳这种质量的恒星终其一生的核聚变最终也只能终结在铁这种元素上，再重的元素要靠超新星爆炸才可以形成。超新星爆炸的温度非常高、密度非常高、压强非常高、能量非常高，这就能实现两件事：其一，是合成比铁更重的元素，所以任何比铁更重的元素可以通过超新星爆炸产生；其二，通过爆炸把物质抛射出去，于是重元素污染了星际空间，当它们再次汇聚成新的星球，就有了丰富多彩的另一个世界。换言之，没有超新星爆炸，就没有你我，也没有地球上的矿产资源。的确，我们都是超新星爆炸的产物。

我们找到了构成五彩缤纷世界的元素从何而来，而不容易被察觉但无时无刻不存在且为世间万物提供基础的力从何而来？目前人们已知的仅有四种基本相互作用，分别是引力相互作用、电磁相互作用、强相互作用和弱相互作用。虽然自然界只发现了这四种相互作用，但第五种相互作用尚等待人们去发现。如果万物起源于大爆炸，人们自然想到这四种相互作用也应该来自宇宙大爆炸。自爱因斯坦起，人们就在努力尝试将四种力统一起来，即所谓大统一理论。宇宙大爆炸为此搭建了自然的舞台，如今人们已经能把三种力统一起来了（电磁相互作用、弱相互作用、强相互作用），由此建立了标准的粒子论模型，也获得了诺贝尔物理学奖。现在唯有引力相互作用没有被统一起来，但未来统一是大势所趋。

我们已经知道了宇宙从哪里来，也知道了构成宇宙万物元素的起源，甚至有望完成大统一理论。需要强调的是，宇宙大爆炸的故事不是模型、不是理论、不是传说，而是基于天文观测的事实：人们可以看到宇宙的膨胀，看到大爆炸的火球遗迹，看到大爆炸火球上宇宙万物的原初"种子"，证实大爆炸预测的宇宙主要化学元素丰度，等等。所有这些都是可观测或测量的

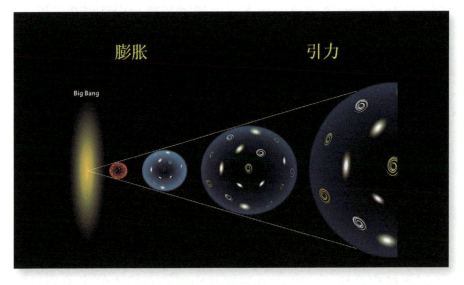

图 4-7　宇宙未来会继续膨胀下去还是会收缩回来，取决于宇宙中物质的多少，如果宇宙中有足够多的物质，则其引力可以阻止宇宙永远膨胀下去

事实。

　　最后，我们还需要问一个终极问题：宇宙要到哪去？谁将决定宇宙的命运？宇宙现在仍在膨胀，那它的命运无外乎只有两种结局：要么一直膨胀下去，要么有一天停止膨胀，未来再收缩回来。而决定这两种结局的正是宇宙自身。可以简单和形象地想象一下：如果宇宙中的物质足够多，质量足够大，那么它们的引力也足够大，最终将会阻止宇宙继续膨胀下去；相反，如果宇宙中没有足够的物质阻止宇宙膨胀，宇宙将会一直膨胀下去。所以问题的关键在于今天的宇宙中需要多少物质才能让宇宙最终停止膨胀呢？天文学家很早就给出了答案：如果今天宇宙的平均质量密度达到大约 $10^{-29}\mathrm{g}\cdot\mathrm{cm}^{-1}$，宇宙终将会停止膨胀。形象地讲，我们只需要在今天的宇宙中每个立方厘米放 0.01 个电子就足

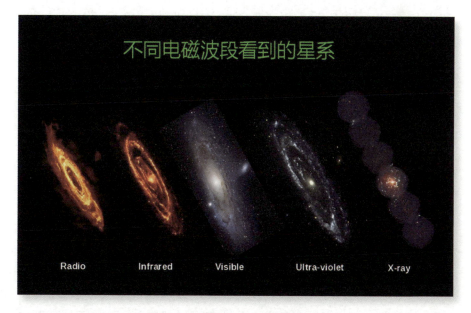

图 4-8　不同电磁波段看到的星系

够了！宇宙空间有那么多物质，听起来这个质量密度非常容易达到。所以40年前天文学家曾天真地认为宇宙将来一定会停止膨胀并最终收缩回来。

结果当天文学家把所有可见宇宙中的"星星"数完，全部加起来，其贡献的质量和让宇宙停止膨胀的值还差1000倍。所以如果只有星星，宇宙将永远膨胀下去。但宇宙中就只有"星星"吗？我们眼睛看到的是宇宙的全部吗？眼见就一定为实吗？其实可见光只是电磁波段一个很窄的波段，我们通过光学望远镜看到的十分有限。

大约一个世纪前，天文学家就发现，宇宙中存在着大量不发光的暗物质，它们贡献自己的引力，主导着宇宙演化和结构的形成，甚至没有暗物质的帮助，银河系都不会形成。目前有五大相互独立的天文观测（星系的旋转曲线、星系团的动力学、星系团的热气体、引力透镜效应、宇宙结构形成）表明暗物质的存在，这就是粒子物理实验疯狂寻找暗物质的重要天文依据。

经过数十年的观测，人们知道了暗物质在宇宙中占84%，而发光物质仅占16%。尽管我们并不知道暗物质为何物，但把暗物质和发光物质加起来仅仅达到让宇宙停止膨胀所需质量密度的27%。于是，天文学家给出了宇宙命运的最终答案：宇宙将永远膨胀下去。随之而来的是一个新的问题：宇宙的膨胀速度是永远保持恒定，还是会变化呢？1998年三位天文学家通过超新星测量独立得出宇宙是加速膨胀的结论，即宇宙会越膨胀越快。尽管这一发现获得诺贝尔物理学奖，但也留给人们更大的谜团：导致宇

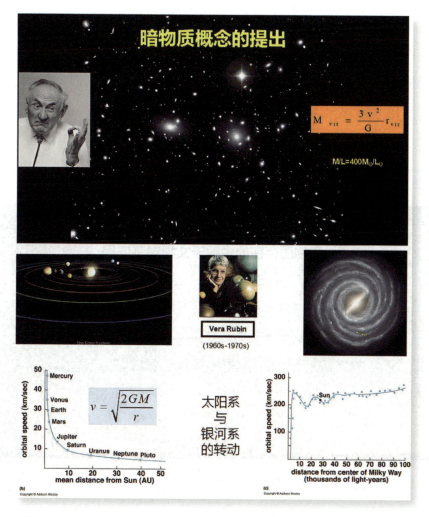

图 4-9 90 多年前，瑞士天文学家兹威基从星系团的星系动力学分析第一次给出宇宙存在大量暗物质的推测（上图），星系的旋转曲线观测则是更加直接地演示了暗物质晕的存在（下图）

宙加速膨胀的机理是什么。加速膨胀，就意味着一定要有持续不断的能量注入，但是至今人们对此一无所知，只能将导致加速膨胀的原因归为所谓"暗能量"。今天人们还不清楚暗能量本质是什么，与真空涨落是否有关。有人做过估算，把真空涨落全部能量加起来的话每个立方厘米可以达到 10^{114} 尔格，这个巨大的能量源泉足以支撑宇宙的加速膨胀。然而，促使宇宙加速膨胀只需要每立方厘米 10^{-9} 尔格就足够了。于是诞生了一个令人们极其困惑的方程：$10^{114}+\dfrac{\Lambda}{8\pi G/C}=10^{-9}$，其中 Λ 是爱因斯坦的宇宙学常数。迄今为止，任何试图让这个方程成立的努力都还未曾成功。

图 4-10　目前，有五大独立天文观测证据支持暗物质的存在

我们的困惑不仅如此，尽管已经知道宇宙从哪里来，知道宇宙将到哪里去，但时至今日人们并不能回答宇宙是由什么构成的这个最基本问题。人们仅仅理解了宇宙 5% 的物质，剩余的 95% 根本不知道是什么，其中 27% 是暗物质，68% 是暗能量，我们把它们形容为今天物理学上空的两朵乌云。

2005 年，《科学》杂志列出了全世界 125 个科学难题，排在第一位的是宇宙是由什么构成，其中暗物质是什么、暗能量是什么就是核心问题。今天，天文学家已经排除了任何不发光的致密天体作为暗物质的候选者，包括小行星、月球、地球、黑洞等等这类天体。粒子物理学家更愿意相信暗物质是一种弱相互作用粒子，为之呼应的理论比比皆是，但三十年的苦苦搜寻依然无果。人们甚至第一次把量子力学的薛定谔方程用到了星系尺度上，试图理解暗物质粒子产生的天体物理后果。目前，所有暗物质实验的零结果的确给人们留下了巨大的发挥和想象空间，各种媒体上时常可以看到的有关暗物质新闻也是五花八门甚至荒唐至极。人们也曾提出修正牛顿的动力学来解释星系以上尺度的反常效应以代替暗物质的存在，但仍未得到大部分科学家的认同。

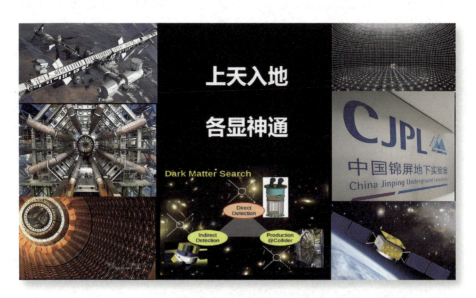

图 4-11　目前，三种探测暗物质的实验均未发现暗物质粒子的踪迹

或许 18 世纪到 19 世纪初的一则故事可以给如今寻找暗物质一些启发：当时人们并不理解热传递的原理，从而提出任何物体里都有种叫热质的物质，它无色无味，无质量，无形状，却担负热量交换的重任。温度不同的两种物质互相交换热质，温度就平衡了。现在听起来很荒唐，但在当时被认为是绝对正确的，并由此助推了蒸汽机的发明和今天依然正确的热力学卡诺循环定理的建立。有趣的是一个错误的概念导致了正确的结果，而"卡路里"就是源于热质说并被沿用至今。

这个情形可以类比如今的暗物质研究：引入了暗物质，似乎解释了几乎所有的观测现象，但搜寻它们的影子却始终无果。这一现象也许暗示：新物理是诞生的时候了。的确，传统思维或人们的惯性思维是，当我们解释不了某种现象时，总是寄托于修修补补现有的理论，使其暂时适应这个现象，随后便不断地修订，增添额外假设，试图拯救传统的理论体系免于崩塌。然而，任何把人类认知引入歧途的观念终将会被淘汰，这是历史的必然。我们不因放弃这些旧的体系而沮丧，因为正是这些误导给我们创造了过渡时期，让我们有时间去思考和探索，并引导我们走出迷津，建立一个全新的自然科学理论体系。

今天，宇宙学仍然面临许多的未解之谜和挑战：如暗物质和暗能量的本质是什么？宇宙空间为什么是平坦的？宇宙中正反物质为什么不对称？自然界存在引力子吗？宇宙是多维的吗？光速是宇宙的极限速度吗？真空可以被突破吗？空间和时间是不连续的吗？等等。

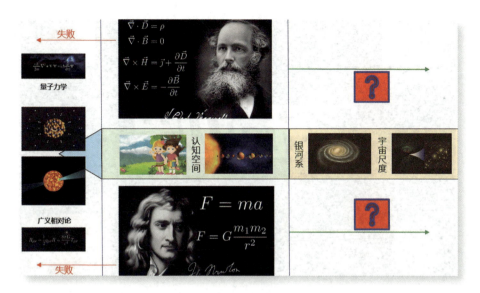

图 4-12　当我们把熟知的物理规律用于微观世界，我们失败了，那里量子理论起主导作用；当我们把熟知的物理规律用于致密天体，我们也错了，那里广义相对论起主导作用。那么，当我们把熟知的物理规律推广到星系和宇宙中，它们还适用吗？

　　1905 年爱因斯坦建立了狭义相对论，同期也诞生了量子力学。狭义相对论研究的是没有引力场的运动学，而量子力学也没有涉及引力场。但十年后的 1915 年，爱因斯坦建立了广义相对论，于是人们努力尝试建立有引力场存在的量子力学。然而，一百多年过去了，量子引力至今没有被建立起来。这或许暗示，广义相对论和量子力学都是不完备的，都不是终极的理论体系。

　　面对如此诸多的未解之谜，人们提出了很多理论，比如超对称、M 理论、平行宇宙、超弦等，每个理论都是自洽的也都是完美的，但这都是优美的数学模型，今天仍然无法被实验证实。

图 4-13　目前的物理学给人类认知世界设定了诸多的极限或边界，也许突破
某些限制才会带来认知世界的新境界

　　所以我们面临一个非常尴尬的局面：相对论和量子力学建立后，我们以为我们已经了解了物质世界的基本规律，建立了完备的理论体系。然而，暗物质和暗能量问题已经超越了今天的标准物理模型，也许我们尚未掌握宇宙物质体系的基本存在和运行规律，自然科学理论体系也许将会经历百年未有之大变局。

　　虽然面对诸多的未知，但正确的科学理念一直支持着人们前行。首先科学并不代表绝对正确，它仅仅反映着我们今天的人类最自然的认知水平。科学的生命力在于它从来不承认自己是完全正确的。其次科学也是有边界的，我们了解了科学规律、发现了科学规律、解释了自然现象，但是我们并不知道一些物理规律背后的原因是什么，也不能解释为什么自然界服从这样的规律。也正因为如此，我们崇尚科学精神，科学是不断发展的开放体系，不存在终极的理论。

　　怀着好奇心和探索精神，我们人类一直在追求，一直在前行！

第五讲 纳米科技前沿与产业化：以科技创新培育新质生产力

主讲人：赵宇亮

赵宇亮，第十三、十四届全国政协委员，暨南大学纳米智造研究院院长，中国生物材料学会理事长，中国化学会党委书记、副理事长，中国药学会副理事长，广东粤港澳大湾区国家纳米科技创新研究院创始院长，中国科学院院士。

赵宇亮委员长期致力于推动纳米科学与生物医学交叉的科学前沿领域的研究，是国际上最早开展纳米毒理学研究的学者之一，部分研究成果已被 ISO 颁布为国际标准。曾获国家自然科学奖二等奖（2012、2018）、中国毒理学杰出贡献奖（2015）、发展中国家科学院化学奖（2016）、"全国优秀科技工作者"称号（2016）、中国科学院杰出科技成就奖（2019）、何梁何利基金科学与技术进步奖（2020）等荣誉奖项。

◇ 时间：2024年5月17日

◇ 地点：全国政协礼堂一层大厅

主讲人寄语

原理深研透，知识足够厚，技术迭代够，必出大成就。

基础研究最需要长期坚持，长期主义才能创造最大奇迹。这样才能打牢高水平科技自立自强的根基。高水平科技自立自强，基础研究和应用基础研究打头阵，科技成果转化产业化是必由之路。纳米技术为多领域多学科交叉提供了高水平的融合平台，出现"技术共振"效应，是产生颠覆性技术的源头活水。例如，DeepSeek等人工智能工具的普及正在降低知识获取门槛，如傻瓜数字相机的发明一样，让非专业的普通人也能快速掌握复杂技能；虚拟数字技术正在使得宇宙扁平化、世界微型化、空间穿越化、时间倒序化、真假同体化，而模糊了物理世界与数字边界，模糊了真实与虚拟、模糊了现实与臆想的人类大脑，有可能产生难以预估的思想涌现而激发出无限的潜力，当然也可能导致现在无法预判的一系列挑战。总之，无论是个人还是国家，都需要适应时代变化、拥抱科技创新，这样才能在这场科技创新引领的时代变革中应对挑战、把握机遇。

赵宇亮

大家下午好！非常高兴有这个机会在全国政协"委员科学讲堂"与大家分享关于纳米科技的一些进展。下面我主要向大家介绍纳米科技过去 40 多年的发展，以及未来的发展走向。

一、纳米科技前沿

大家知道，我们国家从"八五"计划就开始部署纳米科技的研发。科技部于 2005 年设立了我们国家的纳米专项，一直持续到今天。习近平总书记在很多重要场合都讲到了纳米科技，比如在 2016 年的两院院士大会上，总书记指出："纳米科技、干细胞研究……等工程技术成果，为我国成为一个有世界影响的大国奠定了重要基础。"这是对我们国家纳米科技取得成就的非常重要的肯定。

我想在座的各位都知道纳米是一个尺度，纳米有多大呢？一纳米是十的负九次方米。作一个比喻，如果我们把一个乒乓球放大到地球这么大，那么此时的一个纳米就相当于一个乒乓球的大小。跟大家的生活联系再紧密一点，如果我们把头发丝的直径分成五万份，大概一份就是一个纳米，也就是说它相当于头发丝直径的五万分之一，所以它很小。在这样一个大小下，它有什么样的功能？为什么纳米科学与技术是一级学科？为什么没有"米科学与技术""分米科学与技术""厘米科学与技术"，而有纳米科学与技术？我想很多人可能都会有疑问。

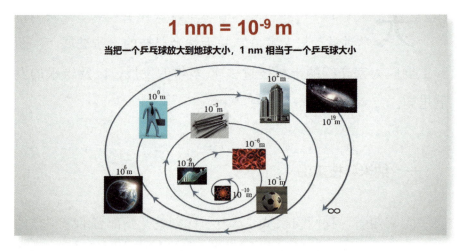

图 5-1　纳米：是一个尺度，却不仅仅是一个尺度

如果我们把这个世界分为生命世界和非生命世界，把非生命世界叫作物质世界的话，那么这个世界上的所有物质功能产生的源头都在纳米尺度。为什么呢？因为比纳米尺度小的就是单个原子，而单个原子是没有宏观功能的。单个分子基本上也没有宏观功能。在物质世界中，只有当原子或分子按一定的方式排列聚集起来，聚集到纳米尺度的时候，它的功能才开始产生。所以，在物质世界，从"无功能"到"有功能"的临界点，发生在纳米尺度。

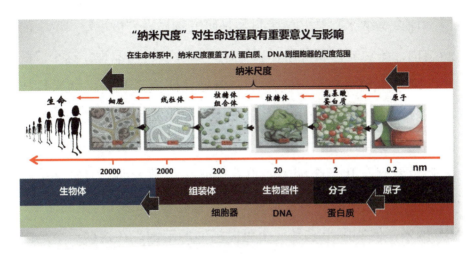

图 5-2 从"非生命"到"有生命"的临界点，发生在纳米尺度

图 5-2 显示了从一个原子开始，它在我们体内合成氨基酸，氨基酸再合成蛋白质，然后它们和其他成分再组装成亚细胞器，最后形成生命的基本单元就是细胞。在这个过程中，单个原子没有生命功能，单纯的氨基酸也没有生命功能，单纯的蛋白质分子其实也没有生命功能。蛋白质分子的功能来源于它与其他物质的相互作用，这些相互作用可以是蛋白质与蛋白质之间，也可以是蛋白质与小分子之间。蛋白质分子和蛋白质分子聚集起来形成聚集体，会产生功能。所以，在生命世界，从"非生命"到"有生命"的临界点，发生在纳米尺度。

从这个意义上大家就知道了，为什么纳米科学与技术能跟化学、物理、数学一样是一级学科：因为在纳米尺度下，人类可以在"功能"产生的源头调控物质世界和生命世界。比如治疗疾病，到源头上去治疗一定是最有效、最直接、最好的办法。

什么是纳米科学？纳米科学是研究物质在"极小"尺度上的新结构、新功能，新现象、新规律，新性质、新原理。这个"极小"刚开始定义在1—100纳米，但是在研究过程中，纳米科技现在研究的下限已经小到比原子还小，比如我们研究电子和电子之间的相互作用；上限也不止100纳米，比如做药物递送的纳米颗粒做到了几百个纳米，也有达到一个微米的，但它是由纳米基元组装起来的。从这个意义上来说，尽管"极小"定义在1—100纳米，但实际上它是一个可以扩展的范围。在这样一个范围里面的一些新的结构带来新的功能、产生新的现象、出现新的规律等，这是纳米科学所研究的内容。

什么是纳米技术？纳米技术就是研究在这个"极小"的尺度下，我们怎样去加工物质、材料和器件，怎样去制造物质、材料和器件。比如说光刻机，没有纳米技术，现在的光刻机不可能达到纳米尺度，最多停留在微米。为什么呢？道理很简单，因为我们没有纳米方法去观测它、没有纳米方法去测量它、没有纳米方法去操纵它，这些都是搞纳米科技的人逐渐发明出来的。所以，如果没有纳米科技，我们现在的计算芯片制造技术不可能达到2纳米、3纳米。当然没有纳米技术的存在，智能手机也不可能出现，因为那些部件做不到这么小，传统加工技术没有办法把部件变得像智能手机里的器件这么小。纳米技术的发展就是在极小的尺度上去做制造、做加工，这是纳米技术的强项。这里包括一些纳米材料的合成，包括一些新的制造方法，还有新的测量方法，我们叫它极限测量方法。

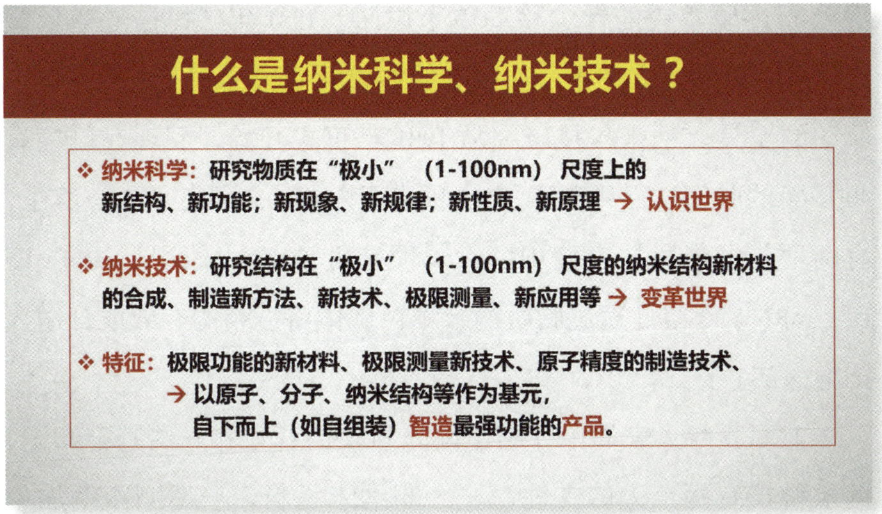

图 5-3　纳米科学与纳米技术

　　纳米技术的特征，在于它可以在原子或分子这个基本尺度上来构筑物质世界。我们可以自下而上地先制造一个非常小的单元，以这个单元为基础，逐步放大，按照一定结构放大成我们所需的器件和产品。这种方式不同于传统方法，即从大块材料中切削出零件再组装成工具或产品。

　　纳米科技的概念是 1959 年理查德·费曼在加州理工提出的。在一次演讲中，他说人类可以通过自组装的方式，自下而上地构筑物质世界，而不是把大的东西削小（我们现在称为自上而下的加工技术）。他说我们可以自下而上，从下面一个一个原子垒起来，制造我们需要的产品和工具。演讲结束后，尽管没有引起太大重视，但科学家们开始思考如何才能做到这件事情。所以到 1986 年，科学家们发明了一种叫"原子力显微镜"的工具，可以通过显微镜的针尖移动单个原子。1981 年"扫描隧道显微镜"发明以后，人类第一次拥有了能够看到单个原子、操纵单个原子的工具。纳米科技研究从 1981 年正式开始，到现在已经有40 多年的时间，已经获得了 13 项诺贝尔奖；去年三项科技奖中，有两项与纳米科技直接相关，一项是量子点，一项是 mRNA 疫苗。mRNA 疫苗是通过脂质纳米颗粒载体将疫苗的有效成分送入细胞内部。

前面我给大家简单介绍了纳米科技的背景和一些基础知识。纳米科技有两个大的支柱，一个叫纳米材料，一个叫微纳加工技术，现在也叫原子智造技术，可以精确到原子水平去做制造。纳米材料的性质、功能和应用现在已经非常普遍。在座的女士们，你们可能是最早使用纳米产品的人，为什么呢？因为在 2000年左右，化妆品里面就已经开始使用纳米材料了。大家能看出我化过妆了吗？看不出来，但实际上刚才化妆师确实给我化了妆。这是因为化妆品中使用的纳米材料特别细小，而且用的量也少，所以即使化了妆现在也看不出来。

纳米材料本身对产业的变革性，还有对前沿的引领性，体现在方方面面。比如纳米制造，包括微纳加工技术、芯片制造技术，一会儿我会讲自组装技术，自组装技术不是从下而上，而是先做一个很小的单元，然后一个一个组装起来形成我们所需要的功能；包括人工智能，人工智能在数据硬件获取上是离不开纳米技术的。

纳米技术有两个大的支柱，一个是纳米材料，一个是加工技术。我先给大家介绍纳米材料，第一个例子是量子点，2023年诺贝尔化学奖就授予了量子点的发现与合成研究。我们衣服的颜色是靠改变化学物质的组成，使它吸收或反射的波长不同，所以呈现出不同颜色，这种颜色我们通常叫化学色。这种化学色必须通过改变染料的化学组成来实现。但是，大家可以看到图5-4里的红色、黄色，颜色很丰富，这些发光材料的化学组成是一样的，是硒化镉或者硫化锌（硫化锌的稳定性稍微弱一点），当然还有很多材料可以做成量子点。这些材料显示出不同颜色，但它们的化学组成却是一样的，唯一不同的是尺寸。当尺寸为3纳米或3.05纳米时，其颜色就会发生变化；3.05纳米和3.08纳米的颜色也不一样。这样我们就可以无限地改变颜色的种类，颜色一下子就变得极其丰富。传统色彩依靠化学色时必须合成一种新的化合物来产生新的颜色，但量子点材料是同一个化合物，

图5-4 量子点纳米材料——特殊发光性质

只需要稍微改变它的尺寸，3、3.01、3.02、3.03、3.04……一直变化下去，颜色就无限地改变了。所以量子点为我们人类提供的颜色丰富度，在理论上近乎无限。当然如果颜色很相近，我们的肉眼分辨不出来，但计算机可以分辨出来、测量仪器可以分辨出来。这可以做什么？可以做编码，就像基因序列一样，可以做医学编码，也可以做其他编码，这种编码肉眼是看不见的。给你两个看起来一样的东西，但编码解译器读出来是完全不一样的，这里面有很多用途。量子点还能做显示，现在是第四代显示，可以让你在平面屏幕上看出立体效果。我们的屏幕是平面的，但是用量子点做显示屏的时候，平面显示屏可以呈现出三维立体的效果，因为它的色彩足够丰富，可以很细微地调节每一个微小区域的色彩。这就是量子点的特性。

第二个纳米材料的例子是碳纳米管。碳纳米管这种材料相信很多人都知道，它是我们人类至今为止发现的强度最高但是却最轻的材料。举个例子，如果想造一个从地球到月球的电梯，先不管技术问题，就说人类有没有这种材料——以前人类是没有这种材料的，现在已经有了，就是碳纳米管。我们可以从地球造一个电梯到月球，它不会被自身重量拉断。当然，如何制造这个电梯就是技术专家和工程师的问题了，就像飞机一样，我每次坐飞机都好奇，走过廊桥看到飞机发动机的时候就会想，飞机发动机这么小，它是怎么把飞机送到天上飞起来的？但回过头来一想，其实我不必去思考这个问题，只要空气动力学的原理是对的，剩下的就是工程师的事情了。怎么样让飞机飞起来、飞机做成什么样的形状效率最高，这些是工程师的工作。原理通了以后，剩下的事情要由工程师去解决。总之，《三体》小说里的太空电梯，已不完全是科幻，现在人类是有这个材料基础的，而且我们可以成吨地、大规模地生产这种材料，成本也不高。

前面我举的例子说的是纯纳米材料，这两种材料都是自然界中不存在的，是纳米科技发明"无中生有"的。再说说纳米材料的应用：新能源汽车，大家可能想不到它与纳米科技有什么关系。我们的新能源汽车在 2000 年左右的时候充满电才能跑 200 多公里，现在能跑六七百公里，实验室正在研发的车跑的里程更长、续航时间更长，但是电池的原理是没有变的，还是电化学原理。电池有两个电极，一边一个正极一边一个负极，中间用隔膜隔起来，充电的时候离子从这边跑到那边，放电的时候离

图 5-5　锂电池：从纽扣电池到新能源汽车电池

子再换过来，就产生电流。这个原理一直是没有变的。在 20 世纪 80 年代的时候，我们只能做成纽扣电池去驱动一个电子表或者一个小型计算器（只能算加减乘除的计算器）。但是到现在 40 多年过去以后，同样的锂离子电池，不仅能驱动家用轿车，还可以驱动重型卡车。虽然原理是一样的，但是材料变化了，当然工艺也有变化。现在电池的正极、负极、隔膜包括电解质使用纳米材料，使它的电容量接近理论值，理论值就是"天花板"。现在大家用的快充电池也是用的纳米材料。纳米材料在新能源里面的应用已经很普遍。不仅仅是电池，新能源汽车里还有很多地方用到了纳米技术，比如照明系统、电源系统、电机驱动系统，像电机里面使用的永磁纳米材料和纳米陶瓷、纳米隔热膜、纳米功能涂层等。很多纳米材料和纳米加工技术在新能源汽车里面都有应用，只是我们用户并不知道。

另一个纳米材料的应用就是化工。科技部把纳米催化专门列为一个专项，我们国家的纳米催化是全世界提出最早也是做得最好的，科学家提出把催化剂做成纳米级的材料，几个纳米大小，做限域催化和单原子催化。化工占国家的 GDP 据说高达 28%，现在化工产业化工厂都建得离城市越来越远，是因为它有污染。为什么有污染？因为化学反应有很多副产物，你要的产物以外的都是副产物，要把它分离出去，所以要加一个又一个的塔，里面装的不是酸就是碱，要用这些东西把副产物一个一个分离出去，所以化工厂高塔林立，要建在郊外。纳米催化剂追求的是让催化效率达到 90% 甚至 99%，现在有的化学反应已

图 5-6　纳米催化：从多产物到单产物的变革

经可以达到 99% 了。如果这些反应都能达到 99%，到时候就几乎没有副产物了。在只有一个产物，没有副产物的情况下，化工厂就不需要建到郊外去了。所以纳米催化是改变整个化学工业的非常颠覆性的技术。但这里要解决的一个问题就是催化剂的稳定性，到了纳米尺度以后它的稳定性比宏观物质要差一些。怎么样去解决它的稳定性问题，相信科学家一定有办法，这只是时间问题。就像我刚才说的锂离子电池一样，20 世纪 80 年代的时候只能做成纽扣电池，只能驱动一个电子手表，现在计算机、重卡都是用它在驱动。所以坚持长期主义，几乎没有干不成的事！

　　前面给大家介绍了纳米材料，纳米科技的第二大支柱就是纳米智造，我们也叫微纳制造或者微纳加工，可以达到原子的精度，就是精确到原子的水平。

芯片的光刻加工是个物理过程，但它同时也是个化学过程。因为刻的那些线路槽，最后是靠电化学反应，用铜电镀把槽一个一个填起来的，所有芯片里面的线路，相互之间、层和层之间的连接，同一层之间的二极管之间的连接，是靠沟槽，沟槽里面是用电化学的方法把铜沉积下去的，沉到里面一根一根的线。所以芯片加工既是物理过程也是化学过程，这两个环节缺一不可。而光刻胶本身也是一种化学物质。芯片加工技术就是纳米科学从实验室起步，逐渐发展为工业化、产业化的过程，也是迄今为止人类所能实现的最精密的制造技术。

大家知道，第一台计算机是在 1946 年出现的，那时候的计算机有 30 吨重，只能进行加减乘除，其他任何运算都做不了，速度大概是每秒 5000 次。现在大家用的手机，比如苹果发布的最新型号，计算速度已经达到每秒万亿次，这就是纳米加工技术进步的结果。如果按照以前的计算机技术，即使把计算机做成一整栋大楼那么大，也无法实现现在手机的功能。但是现在我们可以把比一栋大楼还大的东西，变成一个小小的薄片搁在兜里随身携带，这就是科技的进步。智能手机里应用了 8 项诺贝尔奖成果，其中 7 项是与纳米科技相关的，只有 1 项不是。如果没有纳米科技的出现和发展，智能手机是不可能出现的。

刚才说的是物理加化学做芯片加工的过程，还有一个是化学和生物学的过程。化学和生物做微纳制造也可以精确到原子级别，应用在生物材料或者医学里面。怎么做呢？先合成一个非常小的单元，然后把单元放在溶液中间去让它组装起来，不是在一个固态的情况下，是在液态的情况下组装，而这个组装是可以通过很多方式控制的，可以精确到原子级别。这样的组装技术现在在生命科学、医学、化学和材料科学里面发展得非常普遍，而且有的已经在大规模地使用。

我给大家举一个例子，可编程的纳米机器人：先做一个基本单元，例如一个DNA碱基，用计算机设计出一个序列，再在这个序列上接上不同功能的化学基因，术语叫"修饰"，然后把修饰以后的DNA链，让它自己组装编制成二维平面，最后在这个平面上接上一些我们所需要的药物分子，让它自己卷起来，形成一个高铁车厢的结构，这里面装的"乘客"就是药物分子，在"车厢"外面装的是可以识别癌细胞的化学分子，在"车厢"的两头装上可以驱动它在身体内运动的生物分子，它就可以在体内递送药物。当"车厢"接近癌细胞的时候，识别分子识别到

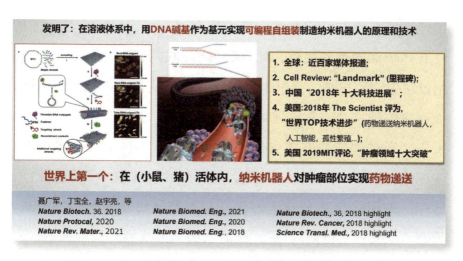

图 5-7　可编程自组装：实现 DNA 纳米机器人在活体内药物递送

癌细胞以后，"车厢"就打开了，里面的药物就释放出来，杀死癌细胞。这种制造纳米机器人的方式称为"自下而上"，把一个纳米尺寸的单元通过一定的程序自我组装成我们所需要的结构，制造出需要的功能，去实现我们所需要的疾病治疗的目标。现在我们正在对它进行大规模制造技术的研发，质量控制很重要，因为我们希望做出来的纳米机器人的性能都是一样的。这项工作开辟了新的研究方向，把智能化的纳米机器人用到体内做疾病治疗，这也是中国科学家开始的，在动物体内、在活体内。以前对体外细胞有很多研究，但是没有人做到活体内，我们已经做到了猪身上。

通过远端控制治疗肿瘤的转移，纳米机器人到体内以后，可以找到非常小的常规方法根本发现不了的转移灶。大家知道，肿瘤转移初期的时候是很难被发现的。肿瘤的治愈率现在已经比较高了，只要在早期被发现，大部分是可以治愈的，但是到了晚期还是没有好的办法。我们现在就想发明一种方法，哪怕只有几个细胞都能找到，如果转移到别的脏器里面，有几个细胞就可以识别出来。通过纳米机器人的方式在体内找到癌细胞，找到它的转移灶，来实现远端治疗。这就是我们实验室在做的工作，通过这样的方式去做肿瘤的治疗，不去杀死肿瘤细胞。现在的临床治疗诊疗方式基本都是杀死肿瘤细胞，不管是化疗、放疗、基因治疗还是其他方式，基本都是用杀死细胞的方式，可谓"杀敌一千自损八百"。而纳米机器人找到肿瘤细胞后，它会去重塑肿瘤周围的微环境，让肿瘤不再生长。所以科学家们试图通过纳米技术，通过智能化的纳米机器人技术，来革新肿瘤治疗的方法。

举一个例子，化学自组装变革了药物创制和药物生产方式，最近的例子是 mRNA 疫苗，就是新冠疫苗。两位科学家卡塔琳·卡里科和德鲁·魏斯曼因为对 mRNA 疫苗做了核苷酸的修饰，解决了它体内免疫原性的问题，获得了 2023 年的诺贝尔生理学或医学奖。新冠疫苗的成功得益于另一个关键核心技术——脂质纳米颗粒递送技术，它先设计一个基本单元，这个单元一个一个组装形成有序结构，组装过程中再把 mRNA 包进去，因为脂质纳米颗粒能进入细胞，而单链 mRNA 进入不了细胞。所以 mRNA 疫苗的成功最后是得益于纳米颗粒的递送系统，这就突破了原有的药物制造概念。

mRNA 是 1961 年被发现的，脂质体是 1989 年，一直到人类遇到新冠病毒以后，mRNA 疫苗出现——从最开始的科学发现到最后大规模应用在拯救人类生命，中间经历了 60 年。为什么讲这个呢，我想跟大家分享一个体会：科学研究有些时候不能急功近利，尤其是颠覆性的、突破性的、变革性的技术，它常常需要长时间去研究、去发现、去改进，最后才能实现大规模应用的目标。包括刚才介绍的锂离子电池也是这个道理，锂离子电池原型在 20 世纪 50 年代就有了，到现在已经过了 70 年，人类才大规模用来做新能源汽车电池。所以真正颠覆性的技术、真正大规模应用的技术是需要时间的，这是科学技术发展的基本规律。mRNA 疫苗也说明了这一点。这里关键的一点就是要持续不断地支持科学研究，要不间断地支持，不要在科学研究没有进展的时候就把它停了，停了前面所有的研究都白做了。

有一家研发、生产 mRNA 疫苗的美国公司叫莫德纳（Moderna），这家公司从默默无闻一直做到 mRNA 疫苗上市，成为市值万亿美元的企业。它的 mRNA 疫苗 25 天推出临床前产品，41 天提交 IND（新药临床申请），11 个月就上市了。而一个疫苗传统研发要多长时间呢？10 年到 15 年。为什么它能这么快把这个技术应用到临床，而且快速形成产品？这就是人工智能、大数据和算法的作用。莫德纳公司是通过人工智能、大数据和算法来筛选前期的所有条件实验，99% 的工作都由计算机完成，从中选出几个最优方案，再通过实验验证。正是通过这种方式，把整个研发时间大幅度缩短了。

从这个角度来说，实际上人工智能已经在改变科学研究的范式，而且已经产生了效果：先让计算机通过大数据和算法筛选出实验条件，再通过真实的实验去验证对错。所以我们现在的科学研究，必须导入人工智能进来。如果不导入人工智能，我不知道要多长时间——也许是 5 年，也许是 10 年——使用人工智能的科学研究与不使用人工智能的科学研究之间的差距，就会像我们使用智能手机和使用"老人机"的区别一样明显。在国家纳米中心，我们已经部署了理论室专项去把人工智能与科学研究结合起来。

这张照片（图 5-8）给大家看一下。中间这位先生叫罗伯特·兰格，是莫德纳公司的联合创始人之一。他还是美国麻省

图 5-8　莫德纳公司创始人罗伯特·兰格（中）

理工学院的教授，也是我们的外籍院士。他当时创立这家公司，要用高分子聚合物递送药物，大家都说他是骗子，但是他一直坚持。高分子聚合物就是塑料，我相信现在很多人听到把塑料用到体内也会觉得不靠谱，但是塑料也要看形成什么结构和形态。如果把它聚合形成像塑料薄膜这样的结构，的确很难降解，但如果把它组装成纳米颗粒结构，它就是可以在体内被降解的。

纳米技术和材料对于生物医药新产业的创新有很大作用，就像我刚才讲的药物递送技术。现在不仅疫苗需要递送，小分子药物，尤其是难溶性的小分子药物，还有一些毒性很大的小分子药物，也需要有递送系统。此外，所有的大分子药物都需要递送系统，因为它进不了细胞，不管是基因、蛋白、核酸。

更大的递送系统的需求是基因编辑工具，基因编辑技术现在发展得非常快，但有一个世界难题：到了体内以后怎么样把基因编辑工具送到细胞里面去？得有递送工具把它送到细胞里面。现在的最佳思路就是用纳米材料来设计载体系统和递送系统。

再举一个纳米传感器的例子。纳米传感器最大的一个特点是可以做高通量，比如在指尖这么小的面积上，可以做几万、几十万个阵列，可以在这上面做出无穷多个同一个单元的阵列。它可以用来做快速检测，例如我们实验室发明的、公安部已经装备的毒品快检技术，仅需58秒即可完成毒品检测，其准确性与传统尿检和毛发检测完全一致。而且对于尿检和毛发检测无法检出或误判的，我们的技术仍能准确识别。目前，这项技术已在全国多个省份投入使用。

二、以科技创新培育新质生产力

爱思唯尔2021年发布的一篇报告中有一组数据很有意思，它通过科学计量学的方式统计了全球过去20年最顶尖的TOP0.1%的前沿研究方向，发现89%跟纳米科技有关。可以这么理解，从2000年到2019年的20年间，纳米科技几乎在各个科学研究领域里面都已成为前沿。从这个角度来说，大家都把自己的研究工作深入到一个极微小的尺度上去研究、去发现。

我们国家在纳米科学与技术这个领域发表的《科学》《自然》和它的子刊的论文，已经超过了美国。大家知道，研究论文从个人角度代表了一个研究者的科研水平和能力，对一个国家来说，代表了这个国家从事研究工作的水平和能力。《科学》《自然》这两个科学平台不是我们的，是人家的平台，我们把中国的研究工作投过去以后，他认为你行你才能发表。在这种状况下我们还能够超越它们，这确实是一个历史性的转折点。我们国家在纳米领域的基础研究能力，已经跻身世界第一梯队，或者说已经位于最前列。这个成就完全可以理直气壮地对外宣告。有人可能会问，为什么我们没获得诺贝尔奖呢？在 2012 年之前，我们只是零星有一些研究走到了前面，但自 2012 年至今，我们已经在很多领域实现领先。大部分的诺贝尔奖都是在完成工作 20 年、30 年之后，有的甚至是 50 年之后才会授予，我们还没有到那个时候，我们的时间还短，但是我们对我们的研究水平要有自信。

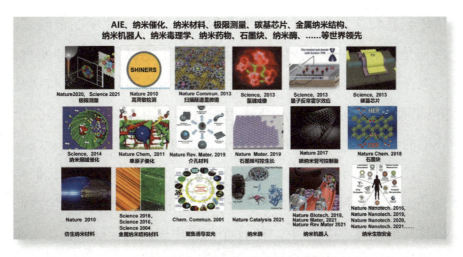

图 5-9 中国纳米科技研究水平已进入世界最前列

　　我给大家再举个例子，前天一个很著名的美国科学家到我这儿来，他实际上是要去成都，是川大邀请他去的。他在去成都之前给我发了一封邮件，说："我要去成都，我想到你那儿顺访一下。"我当然欢迎。他在成都开完会后，又从成都飞到北京，到我们这儿作了学术报告，我组织学生跟他讨论了一下午，晚上他就坐飞机回美国了。这个情况和以前是不一样的，以前外国科学家来的时候，都是我们主动邀请他、再三邀请他，请他到我这里来作报告。现在反过来了，是他主动要求来作学术交流。比如现在如果有外国科学家同行要去北大、清华，他一定会跟我联系，说他要去北大、清华，是不是也可以到我那儿作个报告，他会主动联系我。跟以前正好相反，以前是我们去请他。这是第一个变化。第二个变化，比如我现在要去洛杉矶，那边附近的高校，例如加州大学洛杉矶分校、斯坦福，附近高校的同行学者一听说我要去，就会给我发邮件："听说你要来，请你到我们这儿来作个学术交流报告。"这个变化现在很明显，以前是不可能的。我相信有很多领域都已经发生了这种变化，大家千万别小看这种变化，它把我们中国的国际地位，特别是在国际学术界的地位，一下子就提升起来了。这种感受是完全不同的，所以我们要对我们的研究能力有自信。

　　比如，我所在的国家纳米科学中心，在纳米领域，我们和加州理工、哈佛大学并列世界前三。在纳米科技领域，学术产出排在前 20 名的机构中，有 11 个来自中国。包括很多企业也在从事纳米科技的研究。我们国家在纳米催化、AIE（一种新型荧光材料）、纳米材料（当然 AIE 也是一种纳米材料，它是聚集成纳米尺度的一个有机分子）、极限测量、纳米毒理学、碳基芯片等方面都是领先的。碳基芯片什么时候能够真正用上是另一回事，但至少我们为芯片制造提供了一个新的选择、一条新的路径。包括纳米机器人、石墨烯等一系列研究方向，中国在这些领域，在国际上都是处于领先地位的。以前只是某一个点领先，现在我们已经有些面在领先。

那么，我们的短板在哪儿呢？我们的个人研究能力强起来了，但是我们还缺乏把个人研究能力变成国家能力的机制，因为这些能力还都停留在科学家个人的身上。举个例子，我们有四十几万件专利，但是这些专利的转化率还比较低，所以怎么样来突破这个瓶颈，是一个课题。

这张图（图 5-10）我想给大家多介绍一下。科技产业创新链分成 9 级三个阶段。1—3 级是第一阶段（实验室阶段），做的是基础研究，也就是研究基本概念、原理，去发现新的现象、总结新的规律、提出新的原理、提出新的理论。这个阶段的产出形式是学术论文和发明专利，它的研究主体是大学、科研机构，要解决的关键问题是这个东西是否符合科学原理和基本逻辑。4—6 级是第二阶段（工程化阶段），做工艺、试制品、标准、参数，最后做到小试、中试，把前面发现的基本原理、基本现象、基本规律、基本技术方法通过这个方式看看哪些能够变成产业能用的技术，哪些能够变成真正的产品。7—9 级是第三阶段（产业化阶段），是产业界产品生产和市场的事情。1—3 级我们已经

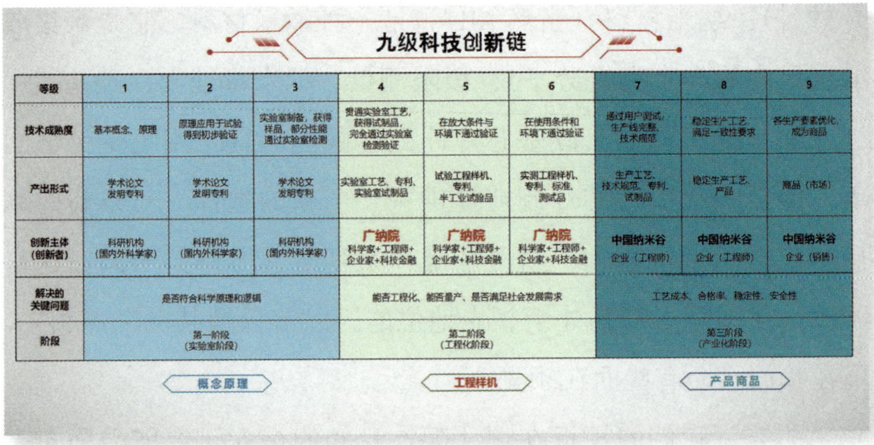
九级科技创新链

等级	1	2	3	4	5	6	7	8	9
技术成熟度	基本概念、原理	原理应用于试验得到初步验证	实验室制备，获得样品，部分性能通过实验室检测	贯通实验室工艺，获得试制品，完全通过实验室检测验证	在放大条件与环境下通过验证	在使用条件和环境下通过验证	通过用户测试，生产线完整、技术规范	稳定生产工艺，满足一致性要求	各生产要素优化，成为商品
产出形式	学术论文 发明专利	学术论文 发明专利	学术论文 发明专利	实验室工艺、专利、实验室试制品	试验工程样机、专利、半工业试验品	实测工程样机、专利、标准、测试品	生产工艺、技术规范、专利、试制品	稳定生产工艺、产品	商品（市场）
创新主体（创新者）	科研机构（国内外科学家）	科研机构（国内外科学家）	科研机构（国内外科学家）	广纳院 科学家+工程师+企业家+科技金融	广纳院 科学家+工程师+企业家+科技金融	广纳院 科学家+工程师+企业家+科技金融	中国纳米谷 企业（工程师）	中国纳米谷 企业（工程师）	中国纳米谷 企业（销售）
解决的关键问题	是否符合科学原理和逻辑			能否工程化、能否量产、是否满足社会发展需求			工艺成本、合格率、稳定性、安全性		
阶段	第一阶段（实验室阶段）			第二阶段（工程化阶段）			第三阶段（产业化阶段）		

图 5-10　九级科技创新链

起来了，达到了相当不错的水平；7—9 级我们的整个产业是很完整的；但是 4—6 级谁去做？很少有人去做。为什么呢？因为研究 1—3 级可以发表论文当专家，“获名”；研究 7—9 级可以当大企业家，“得利”；而研究 4—6 级前后都不沾边，离名也远、离利也远，“名利双难”，所以这一阶段我们国家缺人去做、少有人去做，是我们最薄弱的环节。如果这一阶段做的人少，研究成果再高再好，它变成不了产业创新的源头，变成不了核心技术的源头，变成不了新产业、新业态。现在我们国家的科学研究能力起来了，科研队伍也很大了（我们国家从事科学研究的人数比美国和欧洲的加起来还多，当然我们有 14 亿多人口，以每百万人均科研人数来看我们还是不够的，从人均上来说我们没有他们多，但绝对量我们比他们多），我们这么大的科学产出，需要建立一种机制，能够把三个阶段的价值统一起来，能够让三个阶段的价值得到合理认可，能够让不同阶段的付出都获得自己的价值。这样，这条创新产业链就打通了，散落在科学家们个人身上的研发能力、研究能力就有可能变成国家能力。

在国外，实际上4—6级这一阶段大部分都是企业在做，不是科学家在做。因为那些企业都有上百年，甚至几百年的历史。举个例子，英国有家搞人工智能的公司DeepMind，看起来是一家新公司，但他的股东都是有上百年历史的大企业。包括苹果、IBM这样的公司，尽管历史不长，但背后支撑它们的都是一些上百年历史的大企业。那些大企业因为发展历史很长，已经形成了科技创新系统链条，是很完整的链条。我们国家的企业，历史太短了，我们真正的企业是改革开放后慢慢发展起来的。但我觉得现在开始并不晚，我们要从现在开始把我们科技创新的链条连接起来，把企业和科学家们结合起来。

在广东省的支持下，我们在广州建立了广纳院，全称叫广东粤港澳大湾区国家纳米科技创新研究院。它不是为基础研究设计的，而是专门从成果转移转化4—6级来考虑、设计的。同时，国家发展改革委去年批准依托广纳院建设国家纳米智造产业创新中心，这是我们国家纳米领域唯一一家国家级产业创新中心。广纳院牵头联合龙头企业共建纳米产业创新中心，推动产业化的发展，主要聚焦纳米材料、纳米电子器件、纳米医疗技术三个方面，材料是为电子器件、医疗技术服务的。

现在，广纳院已经聚集了很多企业和高校一起做科技成果转化，想要尝试把1—9级的链条打通。我们国家这么大，我这

图 5-11　广纳院：聚焦科技产业创新链 4—6 级的研发平台

儿是纳米科技，其他所有领域也一样，都需要这样的机构。今年 3 月 6 日，我在代表科技界向习近平总书记汇报怎样以科技创新成果产业化为抓手提升新质生产力的时候提出，我们的科技成果转化必须要有企业参与，企业要跟科学家之间形成共同体；光靠科学家这个事情很难做，光靠企业也没有前端资源和技术源头；要把科技界跟企业界融合起来形成科技成果转化联合体。总书记回应道："院校和企业形成共同体，这样的趋势、方向是对的，要快马加鞭，把激励、促进政策进一步抓好。"让企业和科研院所形成共同体，共同推动成果转移转化，把我们国家科学家的个人能力变成国家能力，这是发展新质生产力的非常重要的一个路径。总书记提出新质生产力，科技和人才是新质生产力发展的核心要素，新质生产力的发展就是科技创新产业，培育发展新质生产力，是我们国家迫切的需求。我们国家在高科技领域、高科技产业领域尽管已经有了很强的高水平研究能力，但是怎样把这个研究能力变成我们国家的经济能力、变成我们国家的科技竞争力、变成我们国家的企业竞争力，这是我们发展新质生产力的主要目标。

第六讲　进化论与人类未来

主讲人：周忠和

　　周忠和，第十二、十三、十四届全国政协常委，中国科学院古脊椎动物与古人类研究所原所长，中国科学院院士。

　　周忠和常委曾担任国际古生物学会主席，长期从事古生物学研究，聚焦中生代鸟类的起源与演化、热河生物群的系统发现与分析等方向，取得多项具有国际影响力的成果。曾获中国科学院自然科学奖一等奖（1999）、国家自然科学奖二等奖（2000、2007）、中国科学院杰出科学成就奖（2003）、中国青年科技奖（2006）、"全国杰出专业技术人才"称号（2014）、何梁何利基金科学与技术进步奖（2016）、全国创新争先奖（2020）等荣誉奖项。

进化论与人类未来

周忠和

中国科学院古脊椎动物与古人类研究所

◇ 时间：2024 年 6 月 26 日

◇ 地点：中国宋庆龄青少年科技文化交流中心未来剧院

📝 主讲人寄语

读者朋友们，你所理解的进化论是什么？

很多人最先想到的便是"物竞天择，适者生存"，其实这是对进化论的误解。不得不说，虽然进化论是现代科学中最具知名度的理论之一，但是关于进化论的误区，也可谓五花八门，多种多样。而我们对进化论的正确理解，以及对人类过去的了解，是我们探知人类未来必不可少的组成部分。

所以，我在此次讲座中梳理了对于进化论的一些常见误解、进化生物学的发展历程及其广泛影响、关于人类演化的相关研究等，希望能够促进你们对生命演化的不确定性、个体与群体、生物性与人性、人类未来等相关问题的思考。

大家看到这个题目，"进化论与人类未来"，可能有很多人期待我会给大家预测一下人类的未来，我估计这是大家很感兴趣的事。很遗憾，我第二部分的内容（人类未来）其实是一个很难的问题，到时候可能会有很多答不出来的地方，达不到你们的期望，希望大家不要失望。进化论是我相对熟悉一点的，我是古生物学家，讲过去比较容易，比如讲人类从哪儿来，这方面我比较有信心，因为有很多科学依据。那么为什么要起这个题目？主要有几点理由：一是关于人类的未来，我相信大家会很感兴趣。我觉得人类的未来确实是一个值得大家关注的问题，尤其是在科技迅猛发展的今天。二是我们对进化论的理解，以及对人类过去的了解，是我们理解人类未来必不可少的一个组成部分。它是必要条件，但不是充分条件。三是我想借此机会表达一点看法，人类的未来其实并不是一个单一学科能解决的问题，它涉及很多不同学科的知识，尤其是自然科学和人文科学的交叉。所以我想借此机会呼吁大家重视学科的交叉，重视对人类未来的探讨和思索。这是我今天选择"进化论与人类未来"这个题目的主要考虑。

著名的进化生物学家费奥多西·多布然斯基说："如果没有

进化论，生物学的一切都将变得无法理解。"尽管有点夸张，但大体的道理是对的。进化论是生物学中一个很基础的理论。我们在理解许多生物学问题时，比如人的生长、生物的生老病死等，很多方面都离不开对进化论的理解。还有一位诺贝尔奖获得者、法国生物学家雅克·莫诺曾经说过这样一句话："进化论的一个奇特好笑的特点，是每一个人都以为自己懂得进化论。"这句话是什么意思呢？进化论貌似简单，我也问过很多朋友或者一些陌生人："你相信进化论吗？"他们说："相信。"但进化论具体是什么意思，其实 99％的人都说不明白。大家都觉得自己懂，尤其在中国，国外还有人不信，好在我们国家信的人挺多。进化论究竟是怎么回事，实际上很多人说得并不准确。进化论还有一个特点，有人说："进化论是一张政治沙发，谁的屁股坐在上面，他就变成什么形状。"有点像平常所说的"屁股决定脑袋"。它本来是一门科学，为什么会出现这样的情况？这恰恰反映了进化论作为一门科学，它超越了科学界的影响力。也就是说，进化论和我们的日常生活、社会以及人文，在很多方面是密切相关的。

大家经常会提到进化论，今天我想重点把它放在第一部分。要讨论人类未来，离不开对进化以及对人类过去的了解，我们需要把一些基本原理和事实搞清楚，还需要了解其中存在哪些不确定的地方。我觉得科学就是在不断质疑和不断完善的过程中发展起来的，科学并不是告诉大家什么一定是真理。进化论在中国的传播和影响，实际上也有一个曲折的过程。严复先生最早将进化论引入中国，但在这个引入过程中，大多数人只记住了这样一句话："物竞天择，适者生存。"更多的人可能对"适者生存"是什么意思还说不清楚。我引用美国芝加哥大学一位著名的进化生物学家龙漫远教授的一句话："原本是一种科学理论的演化论，从 19 世纪末 20 世纪初开始化身为中国人救亡图存的指导思想和政治口号。"大家听完可能会觉得有点奇怪，本来是科学理论，怎么到了中国就成了一个政治口号和指导思想呢？这是好事还是坏事我们暂且不论，但这恰恰影响了我们对进化论的科学认识。

进化论在中国的传播与影响

严复

物竞天择
适者生存

原本是一种科学理论的演化论，从19世纪末20世纪初开始化身为中国人救亡图存的指导思想和政治口号。

——龙漫远

图 6-1 进化论在中国的传播与影响

我的一位朋友、华裔著名科普作家苗德岁先生曾经翻译过《物种起源》，并写了一本非常经典的书——《天演论（少儿彩绘版）》。《天演论》的英文原书名直译为《进化论与伦理学》。我为《天演论（少儿彩绘版）》写过一篇序言，其中一部分我读一下：

"严复先生翻译的《天演论》其实只翻译了赫胥黎原书的进化论部分，而有意舍去了其伦理学观点。不仅如此，严复先生在《天演论》中还加入了斯宾塞的社会达尔文主义的观点，将生物演化规律照搬到人类社会的演化，这跟赫胥黎的本意简直是南辕北辙。赫胥黎的《进化论与伦理学》，经过严复的选材和'配菜'，由'西餐'完全做成了'中餐'，一道适合当时急于改变中国落后局面的中国精英人士口味的大餐。"当时为了改变中国落后的局面，大家对初到中国的进化论很重视，重视之余，恰恰忽略了它科学的部分。

所以，我之前作过不少报告，专门讲我们对进化论常见的误解。这些误解非常多，有的人会列出十条、二十条，但我选择了三种比较有代表性的误解，我认为不仅在中国，在国外也很常见。第一种误解是将达尔文的观点与拉马克学说混淆。拉马克是达尔文之前最重要的进化论学者之一，但他的观点与达尔文的观点有着很大不同。第二种误解是认为进化有方向性、进步性。有人认为进化论讲的是生命从简单到复杂、从低等到高等、由低级到高级，这种说法听起来很顺，但实际上是错误的。今天，甚至还有一些辞典这样定义，或者一些对进化论了解不深的其他学科的知名学者也会这么说。第三种误解是将进化理解为"适者生存"，甚至是"强者生存"。实际上，这些说法都不准确。今天我介绍进化论和人类演化，希望能够对这些常见的误解进行澄清。

先说第一种误解。什么是拉马克的进化学说？简单来说，

拉马克的进化学说

"用进废退；获得性遗传"

- 生物变异是环境变化所诱发的 ✗
- 环境变化所诱发的变异是可遗传的 ✗?
- 简单的生命形式不断自生并自动向更高级形式发展 ✗

让·巴蒂斯特·拉马克
(1744—1829)

图 6-2　拉马克的进化学说

就是我们常听说的"用进废退"和"获得性遗传"。听起来有点拗口，但他的主要观点可以归纳为三条：第一，生物演化是由环境变化诱发的。我们今天知道还有遗传和基因的作用，但拉马克当时并不知道这些，他认为演化是由环境主导的。第二，环境变化所诱发的变异是可遗传的。进化必然涉及繁衍后代，如果不能遗传，变异就无法成为进化的推动力量。他认为变异是由环境变化引起的。第三，简单的生命形式不仅自身能够自动向更高级形式发展，而且这种发展有一种内在的力量，让生命变得越来越好。那么，这是真的吗？实际上，这三条观点中，第一条和第三条肯定是不对的，但第二条后面还可以打一个小问号，这一点我后面会讲到。整体上，拉马克的学说是错误的。

举一个大家经常提到的例子，长颈鹿的脖子是怎么变长的？按照拉马克的观点，长颈鹿的祖先脖子原本是短的，但为了吃到树枝高处的叶子，它们不断伸长脖子，结果脖子的长度逐渐增加，并通过遗传传给下一代。下一代继续努力够叶子，脖子再度变长，就这样一代一代积累下来，最终形成了现在的长颈鹿。这是拉马克对进化的解释。

那么，达尔文进化论的核心是什么？它包括两点：第一，群体内的变异是生物进化的前提。第二，自然选择是生物演化的机制，进化不是自生、自动的。如果必须在两者之间选一个，达尔文认为最重要的还是自然选择。群体内的变异让生物具备差异性，有了差异才能进行选择，这是进化的前提。而自然选择则是生物演化的关键机制。我们在报告中经常会听到"进化"或者"演化"，我个人更喜欢用"演化"这个词，因为它更贴近机制的理解。但无论是"进化论"还是"演化论"，都需要明确其中的原理和机制。达尔文指出，进化并非生物自身自动发生

达尔文进化论的核心

●群体内的变异：
是生物进化的前提

●自然选择：
自然选择是生物演化的机制，进化不是自生、自动的

查尔斯·达尔文
(1809-1882)

《物种起源》
(1859)

图 6-3　达尔文进化论的核心

的，而是因为自然选择的作用。地球生命经过几十亿年的演化，发生了巨大的变化，形成了生物多样性的更替、物种的诞生和灭绝。这些变化的主要动力和机制正是自然选择。

关于自然选择，有一个经典案例——桦尺蛾。这种蛾子分为白色和黑色。在清洁的环境中，树干表面是浅灰色的，白色的桦尺蛾占据优势；而在煤烟污染的地方，树干变成了黑色，黑色桦尺蛾开始占据优势。在英国工业革命期间，煤烟污染让树干变黑，1848年首次发现了黑色的桦尺蛾。到了1895年，黑色桦尺蛾的比例已经达到98%，而白色桦尺蛾的数量大幅减少。后来，英国通过了控污法，环境逐渐变得清洁，到了1950年，黑色桦尺蛾的比例开始下降。这个案例展示了自然选择如何根据外部环境的变化影响生物的存活和繁衍。当然，这个例子反映的是短时间尺度上的变化，而生命演化还可以发生在更长的时间尺度上，同时也包括微观和宏观层次的变化。这只是一个简单的例子，用来帮助大家理解什么是自然选择，以及环境变化如何驱动生物的内外变化。

刚才举了一个长颈鹿的例子，说明拉马克是怎么想的。现在我们再用达尔文的观点来解释长颈鹿的脖子是如何变长的，大家可以体会一下两者的区别。按照达尔文的解释，首先，长颈鹿的祖先由于遗传差异，产生了许多不同的个体，也就是说，它们的后代中有的脖子长，有的脖子短。而脖子比较长的个体因为能吃到高处的叶子，所以在竞争中占据了优势，更容易生存下来并繁衍后代。在自然选择的作用下，经过长时间的积累，

达尔文与拉马克的主要区别

拉马克：**环境诱导变异；生物主动适应环境**

达尔文：**变异是内在的；生物被动适应环境**

图 6-4　达尔文与拉马克的主要区别

就有了今天脖子长的长颈鹿。大家可以慢慢体会其中的不同点。

　　总结一下，拉马克和达尔文的学说到底有什么区别？为什么今天我们抛弃了拉马克，而推崇达尔文的进化学说呢？主要的区别在于：拉马克认为是环境诱导了变异，生物是主动适应环境的；而达尔文认为，变异是内在的，生物被动适应环境。今天我们知道，这种内在的变异是由基因和遗传决定的，生物主要是被动适应环境的。虽然生物确实会躲避、迁徙等，表现出一定的主动性，但总体上进化更多是一个被动的过程。很多人对进化论的误解实际上是相信了拉马克的观点，而不是达尔文的自然选择学说。这也说明了一个问题：科学很多时候是违反直觉的。尽管有时候直觉是对的，但科学却往往与直觉相悖。

　　达尔文之后，孟德尔开创了遗传学，进一步推动了进化论的发展。过去人们认为，遗传是父母遗传因子的融合，就像墨水混合在一起一样，但事实并非如此。孟德尔提出了分离定律和自由组合定律。孟德尔的学说非常超前，他与达尔文几乎是同时代的人，但达尔文并不了解他的研究成果。可惜的是，孟德尔的理论直到他去世三四十年后才被学术界重新发现，并逐渐成为主流。

到了 20 世纪二三十年代，遗传学得到了更大的发展，特别是在数学统计遗传学的推动下。这一时期出现了一些著名学者，比如摩尔根。遗传学的发展给达尔文的进化学说带来了两大重要贡献：第一，它解释了达尔文未能理解的问题。达尔文相信内在的变异是遗传导致的，但他并不清楚遗传的具体机制，也不知道是什么在起作用。因此，达尔文在他的《物种起源》中犯了一些错误，从第一版到第六版，前两版还可以，但后面加入了一些多余甚至画蛇添足的内容。第二，遗传学的发展引入了演化随机性的概念，这一点非常重要。随机性指的是演化中的偶然性和运气，说明生物的演化并不是必然的，而是受到许多偶然因素的影响。

20 世纪 30 年代，在达尔文自然选择学说的基础上，结合遗传学的贡献和古生物学的研究，这三大领域的交叉综合形成了现代综合进化学，也被称为"新达尔文主义"。这一理论基本框架延续至今，尽管在 20 世纪三四十年代到现在的近百年间，科学取得了很大的进展，但大的理论框架并没有发生变化。也就是说，达尔文的自然选择学说依然是主流。

再往后，DNA 的发现和研究揭示了更多进化的奥秘。DNA

双螺旋结构的发现标志着遗传学的重大突破。我们知道，DNA是遗传的基础，也是生物变异的基础。正如我们提到的，自然选择的前提是群体内的变异，而DNA的突变正是这种变异的来源。更重要的是，DNA的突变具有随机性，也就是说，这些突变并不是受控的，而是与偶然性和运气密切相关。DNA的突变不仅是群体内变异的基础，还能产生复杂的结构，推动生物多样性的增加。今天我们都讲生物多样性，而生物多样性的前提就是变异。变异影响生物的不同器官和形态，在自然选择的作用下，逐渐形成了我们今天看到的生物多样性的丰富世界。

进入21世纪后，我们进入了基因组时代，可以研究DNA的演化历程，以及基因组的形成和新基因的起源。现在我们甚至已经迈入了基因编辑的时代。尽管达尔文的学说距今已经一百多年了，大家觉得没什么问题，但2014年的时候，著名的《自然》杂志发表了两篇争论文章，大的标题是：《现有进化理论需要重新考量?》对此，学界分为两派。主流观点认为没有必要，现有理论依然足够解释生物演化的机制；而另一派则持反对意见，认为现有理论需要调整，并且调整迫在眉睫。

为什么会产生这样的争议呢？按照反对派的观点，现有的新达尔文主义理论过分强调了基因的作用。他们认为，自从基因组的研究逐渐深入后，科学界过于依赖"基因决定论"，似乎一切都由基因控制，例如寿命、患病风险等。然而，实际情况并非如此简单。反对派指出，环境在生命演化中并不仅仅是一个背景因素，而是能够重塑性状和功能的主动力量。举例来说，

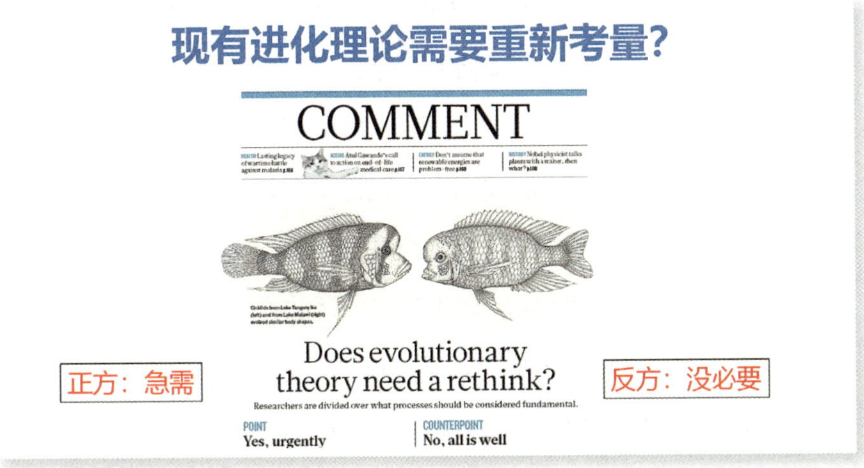

图 6-5　现有进化理论需要重新考量?

我们常说的基因突变是随机的,这一点反对派并不否认,但他们认为形态的变异并不完全是随机的,而是与环境密切相关。生命的演化不仅是简单地适应现有环境,而是与环境共同演化的结果。

这一争议实际上与遗传学的一个分支学科——表观遗传学的发展密切相关。那么,什么是表观遗传学呢?用一句话来概括,就是"可遗传的环境印记"。听到这里,大家可能会联想到拉马克的观点,他曾提出获得性性状是可以遗传的。的确,这一学科的发展引起了不少人希望为拉马克"平反",甚至有学者认为应该将拉马克和达尔文的学说结合起来,形成一个新的进化理论。

然而,实际情况并非如此简单。表观遗传学并不等同于拉马克主义,虽然它的研究确实让我们重新重视环境对生命演化的影响。表观遗传学的研究表明，基因确实是演化的核心，但环境对基因表达的调控也起到了重要作用。具体来说，基因要控制某种性状，必须经过基因表达的过程，而这个过程受到环境因素的影响。例如，温度变化或某些金属元素可能会影响基因的"开关"状态，决定基因是否被激活。这说明，仅仅拥有基因并不够，还需要环境对基因表达的"参与"。

因此，我认为，表观遗传学的研究提醒我们不要过分强调基因的作用，也不要陷入生物决定论的误区。它让我们认识到环境在生命演化中的重要作用。然而，这并不意味着表观遗传学可以为拉马克"平反"。尽管拉马克是一位伟大的生物学家，但我们今天依然相信达尔文的自然选择学说是生命演化的主流理论。

表观遗传学这件事曾经闹得沸沸扬扬，有些媒体不怕事情大，国际知名媒体如德国的《明镜周刊》曾写过一篇文章，叫《战胜基因》。这种说法引发了科学界的反感。美国著名的综合性生物学杂志《当代生物学》的主编之一弗罗洛瑞对此颇有微词，他在 2010 年左右专门撰写了一篇社论，标题是《李森科复活》。弗罗洛瑞指出，有些媒体在过分强调表观遗传学的作用，他将这种现象与李森科时期的科学政治化相提并论。李森科是苏联时期的科学家，但被认为是玩弄政治的人。他否定经典遗传学，推崇拉马克、米丘林的获得性遗传，片面强调环境的作用，使得苏联的遗传学倒退了几十年，对农业生产也造成了巨大的损失。值得一提的是，20 世纪 50 年代初我国也受到了一定影响，然而袁隆平先生具有可贵的科学精神（特别是质疑精神），坚信孟德尔、摩尔根的遗传学说，最终在杂交水稻领域取得伟大的成就。这算一个小插曲。

第二种误解：进化是否有方向性或进步性。许多人以为进化是从简单到复杂、从低级到高级的发展过程。对此，我引用两位著名学者的观点。第一位是哈佛大学的斯蒂芬·杰·古尔德教授，他是一位古生物学家。他指出："变异必定是随机的；大自然不是动物驯化者，没有预定的目的来调节生命的历史。"第二位是日本学者太田朋子，他曾来北京参加过我们的会议。他指出："在自然界能够最终被留存下来的，不见得是那个最能够适应环境的（特征），不好的性状，由于机遇，在自然界也有可能被固定下来。"

所以，进化有没有方向？实际上生物进化并没有预见性和目的性，我们经常看到描述进化的书会讲，鸟类为了飞行进化出了翅膀，好像鸟类想这样，实际上这只是一种比喻，事实上它并不知道往哪儿进化，没有目的。自然选择有一个特点，只着眼于当地、当前，就是说它没有远见，进化是一个机会主义的过程，没有所谓变得越来越进步的趋势，因为基于选择的进化是随机性和规则性的结合。达尔文本人早就说过："说一种动物比另外一种动物高级其实是很荒谬的。"达尔文实际上是很主张人人平等，从他爷爷到他都反对黑奴制度，他相信我们人类并没有所谓高级不高级，只是一种价值判断，不是科学的表述。另外一些人说："我们是由冷酷的进化力量所造就的数量极多的生命形式的一部分。"我们人类也是普通的一员，尽管我们很特别，但是很难说我们是最高级，我们经常把我们人类放在最高的位置上，那是反映了人类的自大、自我中心主义。

进化有没有方向？

生物进化没有预见性与目的性，因为自然选择只着眼当地、当前；进化是一个机会主义的过程。

没有所谓变得越来越进步的趋势，因为基于选择的进化是随机性与规则性的结合。

图 6-6　进化有没有方向？

　　第三种误解：进化是不是适者生存，甚至强者生存？适者生存说得太多了，实际上这个词是"社会达尔文主义之父"——英国哲学家斯宾塞提出来的，英文叫"Survival of the Fittest"，直译就是最适应的能够保存下来，他把自然选择片面解释为适者生存。达尔文其实开始没用这个词，他因为搞不清变异的机制，所以在《物种起源》第五版的时候借用了斯宾塞的这个词，结果弄巧成拙，被学术界认为是败笔。贵为达尔文这样伟大的科学家，因为在某一方面卡了壳，因为时代的特点，当时对遗传学理解不够，所以引用了"适者生存"，实际上反而在某种程度上多了一个污点。再看看我们国内，胡洪梓，因为相信适者生存，改名叫胡适。我不知道他是怎么理解适者生存的，我想肯定不太一样。生物学意义上的"适应"或者"适者"，主要反映的是存活和繁衍后代的能力，和我们日常生活中理解的"适"不是一回事，我们讲的适者生存是适应当下的形势，实际上这和进化生物学讲的适应不是一回事。图 6-7 中的动物叫树懒，很懒的一个动物，为什么这样一个动物活得好好的？所以适者不一定代表强者。

适者生存?

适者≠强者

生物学意义上的"适应"＝存活+繁衍后代，与我们日程生活中理解的"适应"不是一回事，严格来说是被动的过程。

图 6-7　适者生存?

除此之外还有偶然性、随机性的问题，如果非要说适者生存，还应该加上幸者生存，而且还要再加上美者生存。我们看看达尔文，除了《物种起源》这本书之外，他还有一本伟大的著作，首次出版于 1871 年，叫《人类的由来与性选择》。因为到那时候他的胆子更大了，开始谈论人类的起源问题。一开始在那样的条件下，他只是讲到生命不是上帝创造的，后来到了晚年，他觉得可以把真实的想法表达出来，这里面关键是有一个性选择。为什么加一个性选择？2017年左右，美国耶鲁大学的一位著名鸟类学家普鲁姆写了《美的进化》这本书。通常情况下，学术界认为性选择只是自然选择的一种特殊类型，大家看到孔雀开屏，很多人可能觉得费解，孔雀那么多羽毛，那么复杂，也没有用，放到生存竞争里面肯定不好。为什么会有这样漂亮的孔雀呢？普鲁姆是我在美国上学的时候教我鸟类学的老师，曾经我跟他住一个帐篷，他带我到野外观鸟，看鸟类的求偶表演，大半夜三四点钟起来看，给我留下深刻印象。所以，这本书获得普利策奖的提名奖和美国《纽约时报》的"十大好书"。尽管这种观点可能还不是主流的，但是我想告诉大家，自然选择或性选择在演化中的作用，依然还是存在争议的一个问题。我自己觉得性选择和自然选择在机制上还是有所不一样。

回到适应的问题，所谓的适应都是相对的，今天适应，明天可能就不适应。大家觉得皮毛很好，防寒，万一天气变热了呢，我们今天穿个羽绒服可以脱掉，如果穿少了，天气变冷了就没办法了。所以，明天就不适应了，此处适应，换一个地方可能就不适应了，自然选择创造了适者，所以严格意义上适应是一项特定条件下的综合指标。比如鸟类要会飞行，大家觉得很好，鸟比恐龙更好。但是大家不知道，恐龙在变成鸟类的过程中它又失去了很多，譬如它的消化器官、繁殖器官都有不同程度的退化，实际上是有所取舍的，适应都是相对的，更没有完美的适应，我们人类也不例外。所以，不要觉得我们人类是最高级的，人类的颈椎、腰椎的疾病可以被看作人类直立行走带来的副作用，直立行走很好，解放了双手，给我们带来了一系列生存的优势。但是人类脑量的增加，又带来孕妇的难产问题，人类的阑尾、智齿和尾椎都是退化的器官，退化的器官为什么还要保留下来呢？它们之所以还存在，因为它对个体的生存没有影响，这些东西没有影响到它的生存，不好的东西有时候也能保留下来。

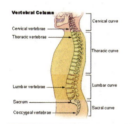

没有完美的适应：人类也不例外

人类的颈椎和腰椎的疾病可以被看作是人类直立行走带来的副作用；人类脑量的增加带来了孕妇的难产问题。

人类的阑尾、智齿和尾椎是退化的器官，它们之所以还存在，是因为对个体的生存没有影响。

图 6-8 没有完美的适应：人类也不例外

大家了解到这些，还觉得人类是完美的吗？实际上达尔文强调的生存竞争，不仅仅是你死我活，个体和个体的竞争，实际上还包含了跟环境的争斗。不同的个体、不同的物种之间的竞争确实如此，但是除了竞争还有合作、共生、寄生，还有利他行为、协同演化。我的一位同事、英国著名古生物学家麦莱克·拜顿在他的书里曾经这样说："在进化过程中，生物常常开辟新的生态位，寻找不同的食性或者不同的生存空间，从而避开竞争。"所以，竞争能避开还是要避开的，我们没有必要一定要去寻找竞争，分工合作实际也是生物演化的主旋律。

刚才我讲的大家有没有关注到两个关键词——生物与环境，这是生物演化中一个很重要的关系。其实分工合作也是生物演化的一个主线，为什么呢？我们看到今天的真核生物一般认为起源于原核生物。实际上原核生物的共生才造就了真核生物，植物、动物都属于真核生物。合作为什么重要？生物进化大家通常想到的就是你死我活，弱肉强食，其实是很不准确的。美国著名的生物学家、哈佛大学教授爱德华·威尔逊曾经在一本书里面写道："只有极少数物种（不到总数的 2%）达到了高度的'真社会性'，其中以蚁类、蜂类与人类最为著名。这些具有'真社会性'的类群，都占据了陆地生态系统中'霸主'地位。"这样的合作行为造就了他们的成功。

刚才讲的爱德华·威尔逊可能大家不太了解，简单介绍一下，威尔逊是研究蚂蚁而著名的，被称为"蚁人"，他更有名的称呼叫"当代达尔文"。他于 2021 年底去世，为此我还曾经在中国科大专门作过一个科普报告，讲爱德华·威尔逊的知识遗产。他的知识遗产除了生物多样性保护、蚂蚁的研究、岛屿生物多样性之外，最重要的是他创立了社会生物学。他曾经特别强调知识的融通、自然科学和人文科学之间的融通。他去世之后，世界上最著名的科学杂志《自然》《科学》《美国科学院院报》，以及《纽约时报》《华盛顿邮报》等媒体都作了大量报道和评论。

　　我们前面讲到共生关系、利他行为，什么叫利他？利他就是毫不利己、专门为人。大家都觉得这是我们人类特有的。动物里面有没有这样的行为呢？至少在社会性的动物里面，这也是一种普遍存在的现象。自然选择通常更强调个体层面的选择，还有一个社会生物学的概念叫亲缘选择，认为有亲戚关系的可能会互相帮忙，这被用来解释社会性动物的利他行为。这个概念往前可以追溯到很早，但20世纪60年代，遗传学家汉密尔顿才推广了这一概念，并从遗传学角度提出了社会行为的遗传机制。他认为，当亲戚们聚在一起的时候，有一种机制在起作用，有了共同的基因，大家的共同目标就是保证最大限度地实现基因的遗传，所以才会不自觉地产生利他行为。他认为这是有遗传学机制的，并不是后天教出来的。爱德华·威尔逊不太相信，尤其2010年《自然》杂志有一篇封面文章，他用群选择来代替亲缘选择，他质疑汉密尔顿的亲缘选择，他认为汉密尔顿理论大多数情况下不成立，不管有没有基因关系，许多个体可以同居一处并形成合作。他还引用同事大卫·威尔逊的话，"在群体内部自私的个体会打败利他的个体，然而群体之间，就是说不同的群体之间争执时，由利他主义者个体构成的群体会打败自私个体组成的群体。"比如一个小组10个人，这10个人里面大家很有团结精神，另外一个小组的10个人都是很自私的人，他认为有利他主义这样的群体，就有了优势，更能够战胜那些自私的家伙。当然，大家不要迷信《自然》杂志，哪怕是封面文章。这篇文章发表之后有100多位科学家联名抗议，认为他瞎扯。究竟是群选择还是亲缘选择，我也不是这方面专家，我只是告诉大家，我曾经请教有关专家，他们认为大多数的进化生物学家还是支持亲缘选择的，他们认为群选择可能在文化发达的人类当中起的作用更大一点。

亲缘选择 vs 群选择

"汉密尔顿理论暗示，当亲戚们聚在一起时，就有一种机制在起作用，由于有共同的基因，他们更有可能形成一个群体。**然而，这种解释从数学角度来看，漏洞百出。**我们进化成功部分是因为群体的形成，往往是利他的。不管有没有基因关系，这些群体经常合作。"

"我的同事大卫·威尔逊是这么说的：在群体内部，自私的个体会打败利他的个体，**然而，群体之间爆发冲突时，由利他主义个体构成的群体会打败自私个体组成的群体。**"

——爱德华·威尔逊，2019

2010年，爱德华·威尔逊质疑了Hamilton的Kin selection（亲缘选择），选择了Group selection（群选择）

图 6-9　亲缘选择 vs 群选择

还有一件事需要介绍，我们强调古生物学，还有遗传学，到今天实际上越来越多科学的研究在向不同学科之间交叉融合而迈进。脑科学的发展，还有心理学，现在心理学很多都划到了自然科学，有很多严谨的科学研究范式。所以，社会行为学的认知神经科学研究，从基因到大脑，到人的认知和行为这样一系列的研究，也可以用来帮助我们解释利他的行为。美国科学院院士弗朗斯·德瓦尔写了一本书叫《共情时代》，这本书写得很好。他说可以用这个机制来解释共情心理：依赖我们神经系统的特性，当一个个体或一个动物，感受到他人的情绪动作，自己的神经细胞也会激活，从而调动起相应的情绪。说起来有点深奥，大概就是说我们人和人之间、动物和动物之间，甚至动物和人之间，有时候会有同情心。

我们知道进化生物学是一门科学，但它的影响不仅已经远远超越科学界，而且对人类思想、社会、政治、文化、哲学、心理、美学、宗教、艺术、道德、语言、伦理等诸多人文社会科学领域的发展，产生了广泛而深远的影响，认识人文社会发展的历史对未来也有重要的启示。我很喜欢爱德华·威尔逊的一本书中的一段话，他说："五大学科，古生物学、人类学、心理学、进化生物学和神经生物学的大融合是科学蓬勃发展的基石，是人文科学忠贞不二的盟友。"所以，我们这些学科能够更好地搭建自然科学和人文科学的桥梁。

我们有三大哲学问题：我们从哪儿来，我们是谁，我们向哪里去。这三个问题哪个比较容易回答？"我们从哪儿来"其实是最简单的，这就是我们古生物学家干的事。爱德华·威尔逊说，事关人类处境的一切哲学问题，归根到底只有三个，要回答第三个问题"我们向哪里去"，不就是人类未来的问题吗。他说我们必须对前两个问题有准确把握。前两个问题，要回答第二个问题，必须先回答第一个问题，他认为生命演化历史上有很多重大的转变，比如第一生命的起源，大概距今40亿年，甚至更早。复杂细胞的出现，有性繁殖的出现。没有有性繁殖就没有什么性选择的事了。多细胞生物体的出现，就是从单细胞变成多细胞。社会的起源，我们讲到很多利他主义、社会行为，实际上因为有了社会性。还有一点，他认为语言的起源也是非常重要的。

芝加哥大学的著名生物学家杰里·科因，他不是研究古生物的，他说达尔文写作《物种起源》的时候，胚胎学的证据被用作最有力的证据，今天他可能会将这个荣誉交给化石。他认为，对许多人来说，化石证据在心理上比分子数据更具有说服力，2009年他写了一本书《为什么要相信达尔文》，这本书有中文版，也是非常好的，我记得当所长的时候买了200本给我们所的研究生、职工每人发了一本。尽管杰里·科因认为胚胎学证据是当时最重要的，恐怕不见得说得对，但是我想，化石证据好的地方就在于它确实比较直观，你讲DNA，大家也看不见摸不着。古生物学家过去200多年的研究，我们现在对整个生命演化历史有了一个初步的了解，大约38亿年前诞生了生命，在长达46亿年的地球历史上，我们知道动物的主要门类从5.3亿年前开始发展，4亿年前出现鱼类等，鸟类在1.5亿年前出现，1.2亿年前有了开花的植物，6600万年前恐龙灭绝之后迎来了哺乳动物和鸟类大的发展，再后来几百万年前人类开始出现。我们过去的古生物研究和地质学研究已经给了我们一个很好的框架，《科学》杂志2001年的时候有一个专题，这也是第一次专门介绍中国某个学科，好几篇文章，有十几页，标题叫《精美的中国化石为生命史书增添了新的篇章》。关于生命的起源，对于这样的研究，大家一直非常热衷，也不仅仅是古生物学家，还有生物学家、化学家，有的人做实验，有的人找记录，虽然有很多争议，但都是《自然》《科学》杂志特别关注的话题。

我们今天的生命主要分为三大域，古菌类、细菌类、真核生物，所谓真核生物，就包括了动物、植物和真菌，真菌包括我们吃的蘑菇。有关动物起源的时间，目前越来越多的化石证据证明大概在 6 亿年前。

图 6-10　脊椎动物的颌演化

这是我们所的朱敏院士前年在《自然》杂志发表的封面文章（图 6-10），一期有 4 篇文章，专门研究脊椎动物什么时候最早出现了上下颌：祖先是无颌的，有了颌之后，这样一种关键的器官推动了脊椎动物的演化。关于古老的灵长类，距今大概 4700 万年，在德国发现了达尔文猴，在中国发现了基猴，这样的重要化石发现，和人类已经很接近了，毕竟属于灵长类。关于人类的分类位置，我们知道人类属于动物，属于脊索动物中的脊椎动物，我们也属于哺乳动物，哺乳动物里面有灵长类，往下分有类人猿、人科、人属，我们今天所有的人类是智人种。达尔文曾经提出人类从非洲起源，达尔文很了不起，连人类起源他也能够做出预测，居然今天大家认为还是对的。过去的几十年间，我们在人类化石方面有了很多重要的发现，大概六七百万年前，人类从非洲起源，智人大概在 20 万年前开始再次走出非洲。越来越多人类的化石被发现，加上最近十几年来古 DNA 学的研究提供了更多的证据。德国马普研究所的瑞典生物学家斯万特·佩博（我当所长的时候曾经跟他签署了合作协议）获得了 2022 年的诺贝尔生理学或医学奖，在百年诺奖历史上，他是第一个研究进化论的学者。他的一项研究认为，现代欧洲人、亚洲人含有 2% 左右的尼安德特人的基因。尼安德特人是已灭绝的古人属物种，但是他们的基因依然残留在我们在座每个人的身体里面。斯万特·佩博的一位学生，叫付巧妹，现在是我们所一位很杰出的研究员。《自然》杂志曾经把她评为十大人物，她的工作也推动了古 DNA 学和考古学的革命。我们现在知道，现代人走出非洲，并不是过去简单把当地人给取代了，实际上中间还有一个混血、杂交的过程。这样的研究成果得益于新的技术，尤其是古 DNA 技术的发展。

我们从哪儿来的问题，我觉得比较清楚，至少我是比较确信的。我们是谁？这是另外一个哲学问题。我们再回到爱德华·威尔逊，1975 年的时候他写了著名的开山之作《社会生物学》，这被认为是达尔文学说之后最重要的一个作品。社会生物学里面有一章专门讲人的行为，讲动物之间的社会行为没有问题，一扯到人，大家就比较敏感，尤其在西方。这里面有一段话，他说："人类许多社会行为（包括侵略性、自私性，乃至于性爱、道德伦理和宗教等方面），都是源于对物种的生存有益，因此通过自然选择筛选、保留而演化出来的，这跟其他生物没有本质上的差异。"很多人觉得，我们高高在上的人怎么和动物一样呢，尤其是行为方面，当时有很多人骂他是种族主义者，但是科学毕竟是科学，最终他获得美国总统奖章，学术界还是承认了他的观点。1995 年，《社会生物学》这本书被国际动物行为学会评选为继达尔文著作后，有史以来最重要的动物行为学著作。我们今天有很多动物行为学的研究，包括人类行为的研究已经司空见惯，但在 20 世纪 80 年代以前还是有点禁忌的，不要看美国好像很自由、很发达，在当时的情况下思想还是很禁锢的。威尔逊写的另外一本书《论人的本性》，研究了真正基于

图 6-11　社会生物学：新的综合

进化论对人类行为所做的解释定会给社会科学和人文科学带来的影响。过去我们研究自然科学和研究社会科学是分开的，威尔逊就呼吁这两个学科应该更多地融合。这本书在社会生物学引发争议的情况下，从进化生物学的角度讨论了人类的攻击性、利他行为、宗教等。

可能很多人听说过理查德·道金斯，他写了一本著名的书，叫《自私的基因》，这本书非常有名，我不是那么喜欢这本书，尽管道金斯很了不起，可能是世界上最著名的科学传播者之一，而且他也是英国皇家学会的院士。我引用《共情时代》作者德瓦尔的一个评价，他说："'自私的基因'这个比喻充满了误导性，相当于把心理学名词硬塞到基因演化的讨论中来。基因和动机一旦被混为一谈，就使人难免不用愤世嫉俗的眼光审视人和动物的行为。"大家觉得基因怎么自私？基因所控制的行为可能有自私性，基因本身是没有自私性的，但是他在捍卫达尔文的进化思想，与宗教保守的斗争方面还是非常了不起的。威尔逊后来在别的书里面建立了基因—文化协同理论，用来解释人性的产生。就是说我们人除了身体上和动物有区别之外，我们的语言、直立行走等，人类区别于其他动物另外一个方面在于我们的文化。所以他认为，我们的人性应该包括这两个方面，但是他认为文化又是和基因有关系的，不要把两者割裂开来，文化来自基因，并且永远具有基因的痕迹。所以在我看来，基因文化协同理论是不同于过去大家拿来攻击的生物决定论。过去一谈到人类的行为，或者人类特征，和动物祖先很相似，就给你扣一个帽子叫生物决定论，实际上不是的，因为生物性包括了自私，这不用怀疑，这是生物本性。但人是社会性动物，有合作性，还有利他行为。而且这也并不是人类所特有的，蜜蜂、蚂蚁也有这样的情况。生物性或天性，是可以遗传的，而文化更多是后天的。

如今，虽然有关人类的起源与演化过程的许多细节还不清楚，到今天，我们对进化的方方面面有了很多了解，包括古生物学、遗传学、基因组学、发育生物学等。毋庸置疑的是，人类不是上帝创造的，这一点当然宗教极端主义者不相信，那也没办法，人家可以有信仰，我们相信信仰自由。但是我们都属于宇宙演化的产物，更是地球演化的一部分，不仅我们的物质构建的躯体如此，就连我们的意识、行为与文明的演变也都有坚实的物质基础。换句话说，我们基本搞清楚了我们从哪儿来的问题，我们是谁，可以说也基本搞清楚了。

最后是我们往哪里去的问题。了解了前面两点（两个必要条件），可以帮助我们了解对未来的向往。人类是否还在进化？我举一个例子，2015 年英国皇家学会期刊发表的一篇文章说，荷兰人在过去的 150 年中身高增加了 20 厘米，男性平均身高 184 厘米，女性平均身高 171 厘米，是世界上身高最高的；生育最多的男性身高超过平均身高 7 厘米，生育最少的男性低于平均身高 14 厘米，前者比后者平均多生 0.24 个小孩；处于平均身高的女性生育最多。我们讲进化里面很重要的本质特点是繁殖，要有后代。个子高的人生的小孩多，就是说个子高的人在进化上是有优势的，说明人类还在进化之中。过去是美国人身高最高，这篇文章发表时说，美国人现在不是最高了，而是最胖的。这是当时的研究结论，现在不知道怎么样了。

我们今天在哪儿呢？写了《人类简史》《未来简史》等畅销书的尤瓦尔·赫拉利，也对古人类学感兴趣。他说："翻开历史记录，智人看起来就是个生态的连环杀手。"作为古生物学家，我们了解在地球历史上，尤其5亿年前生物进入大发展以来，曾经发生了5次生物大灭绝。大家最熟悉的是恐龙大灭绝，发生在6600万年前。实际上规模最大的一次发生在2.52亿年前。现在大家提出一个问题，我们人类是不是今天正面临第六次生物大灭绝呢？很多科学杂志上发表的一些重要文章都在支持这一观点。

图 6-12　第六次生物大灭绝?

我们再回到爱德华·威尔逊，因为他也是"生物多样性保护之父"。他写过一本书叫《亲生命性》，这个词是他创造的，英文叫 Biophilia，bio 是生物，philia 是喜爱的意思。这里面他提出一个观点，我觉得非常有意思，他说人类有一种与生俱来的生物学需要，即融入大自然，并与其他的生命形式相关联。我相信在座的大家都有体会，我们为什么喜欢走进森林，我们为什么要下水捞鱼，我们为什么喜欢和小动物为伴，我们为什么喜欢宠物，等等。他认为这是天性，他认为从进化生物学的角度是一种适应，我们生物之间有一种相互的依赖。因为我是研究古生物学的，对地质学比较熟悉，基因文化的协同，还要加上环境，因为文化是人类特有的特征，同时也是区别于自然选择的另外一种选择因素。

关于生命演化的本质，我有一些思考。生命有哪些特征？哪些是生命最本质的特征？有些说是繁衍后代，其实我觉得遗传与环境，或者说基因与环境，还有一个关系，就是个体和群体之间的关系。还有竞争与合作。这就是生命演化中的主题思想，对这些问题的思考，我觉得有助于对人类未来产生很多启示和思考。我们考虑人类的未来有几个方面，我不想预测具体的问题，因为很难，生命演化中充满不确定性，人类有自身的特点，人类文化如此特别，我不相信其他动物没有文化，但是人类的文化一定是最发达的。38 亿年的生命进化历史告诉我们，唯有变化是永恒的，不确定性是生命进化的永恒规律。大家不要认为一切都是注定的，自然选择的规律不会改变，是今天学术界公认的，未来改变的只是选择的力量和类型的变化，文化的选择力量会越来越大。对于我们人类来说，自然选择的因素，比如生存困难条件这些，还有自然灾害，我们有了应对的办法，外面太热我们有空调，外面太冷我们有暖气，人类已经有了很多的技术，让我们来抗拒自然选择的力量。所以啊，技术和文化已经帮我们人类部分摆脱了自然选择的影响，但是并没有完全摆脱。个体和群体的关系依然很重要，我们总会遇到这样的问题，好吃的东西是给我还是给大家呢，给班上的同学还是学校的同学，给我们北京市的同学还是给中国人，还是给全世界的人，都是不同的群体，个体与群体的关系实际上贯穿了38亿年生命进化的全过程。大规模的合作，造就了人类的文明，1万年前从狩猎时代到了农业时代，技术、生产的发展、语言造就了人类文明，个体与群体的冲突也是700万年人类社会历史变迁的主题。

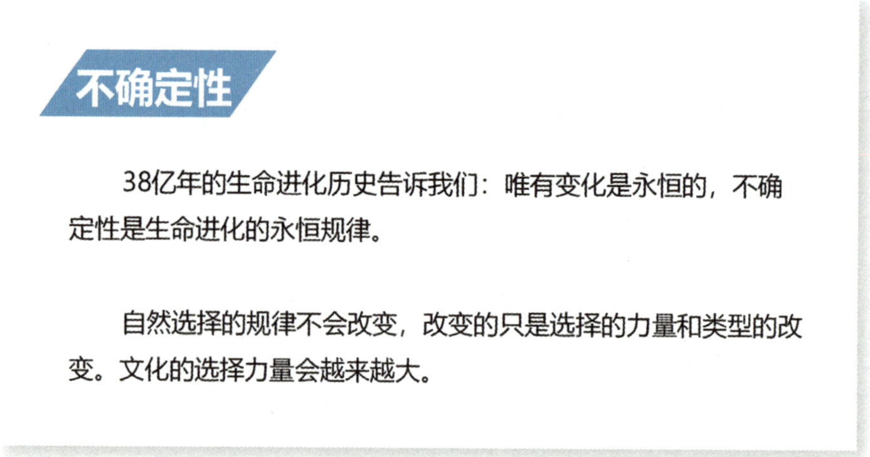

不确定性

　　38亿年的生命进化历史告诉我们：唯有变化是永恒的，不确定性是生命进化的永恒规律。

　　自然选择的规律不会改变，改变的只是选择的力量和类型的改变。文化的选择力量会越来越大。

图 6-13　不确定性是生命进化的永恒规律

　　今天世界上的俄乌冲突、巴以冲突等，其实很多都是一种群体之间的冲突。我们还关注另外一个问题，即人与动物的纽带。德斯蒙德·莫利斯在他的"裸猿三部曲"里写道:"你是旷世无双、无与伦比的物种中的一员,但是请理解你的动物本性并予以接受。"爱德华·威尔逊关于生物性与人性有过经典论述,他说:"我们一直讨论人性的永恒冲突,一方面是利己,有利于自己后代的行为;另一方面是利他,有利于群体的行为。作为进化动力的这种冲突,社会从未达到过平衡。然而,如果一味走向个体主义、自私主义,社会就会分崩离析。但是如果过分强调服从群体,人群便无异于蚁群了。如果我们没有个性,把个人的利益完全抛弃,那我们和蚂蚁没区别。人类总是处于富有创造性的冲突之中,在罪孽与美德、反叛与忠诚、爱与恨之间左右摇摆。人文科学才是我们认识与应对这种冲突的方式,这种冲突绝不可能得到彻底解决。当然,我们也不必过于努力去解决,因为它塑造了我们人这一物种,也是我们创造性的源头活水。"大家看过文学作品有什么理智与情感类的,或者看过一些经典悲剧的电影,往往都是一些激烈的冲突,人性的冲突。当然有些东西严格来说不完全是人性的,很多东西是动物性的。我们过去老是委屈动物,骂人什么"猪狗不如",其实人有时候比猪狗坏得多,我们干的坏事比它们还多,实际上有时候动物是很好的。我觉得这也是人类中心主义,把自己放得高高在上的一个体现。

今天到了人工智能时代。我曾经在"知识分子"平台上组织过有关人工智能的研讨,并在"知识分子"平台新年开篇的话中写过一段,谈到我站在古生物学家的角度,对人工智能时代的看法：如果说农业革命改变的只是人类的生产方式，工业革命让人类从枯燥的体力劳动中得到解放，那么人工智能革命解放的或许是人类枯燥、重复的脑力劳动。人工智能从某种意义上来说就是现实版的超人，但超人毕竟不是神，我们无须盲目崇拜，更无须恐惧。

关于未来，我有很多思考，但并不是成熟的思考。对未来的预测总是很难的，大家知道，进化有很多不确定性，比如环境的因素、变异的因素等。关于未来的战争、未来的国家、未来的社会分工与职业、未来的教育、未来人的寿命，这些都需要深入思考，但我没有答案。只有对进化生物学、历史和人文科学有了更多了解，我们才能更好地讨论这些问题。

第七讲 同心协力，补短扬长，开拓中国特色的集成电路产业发展道路

主讲人：曹健林

曹健林，第十三届全国政协委员、教科卫体委员会副主任，科技部原副部长，中国科学院原副院长，"极大规模集成电路制造装备及成套工艺"光刻机工程指挥部总指挥。

曹健林委员现任季华实验室理事长、主任，国家新型显示技术创新中心理事长，中国集成电路创新战略联盟理事长。曾获国家科技进步奖二等奖（1995、2001）、"全国先进工作者"称号（1995）、中国科学院第四届青年科学家一等奖（1996）、国家杰出青年基金项目奖（1996）、中国光学学会科技奖（1997）等荣誉奖项。

芯片工业是我国信息化时代最大的短板

建林

国政协委员

委员会副主任

中国电子信息制造业规...

◇ 时间：2024 年 9 月 25 日

◇ 地点：全国政协礼堂一层大厅

📓 主讲人寄语

　　让中国科学技术和高技术产业走到世界前列是一个长期的历史过程，需要几代人坚持不懈的努力。其中会有许多艰苦的科学、工程、技术攻关，以及体制机制和相应组织结构的调整，会有许多起伏与波折。特别需要社会各界的理解、信任与支持。中国集成电路产业的发展是其中的典型代表。作为生长于新中国，改革开放之后开始学习、研究现代科技，之后又从事相关组织管理工作的一代人，我们有切身体会。

大家下午好！今天我来跟大家汇报一下我们国家科技界在集成电路相关产业的过去十七八年中，或者说进入 21 世纪以来，我们取得的成就、我们存在的问题，以及未来我们想怎么做。我今年 69 周岁，现在是一个在基层单位发挥余热的老同志。当然我要说的不仅仅是我自己的观点，对这个领域怎么发展，我们行业内也会经常讨论。我是中国集成电路产业创新联盟的理事长，每年我们开一次"珠峰会议"，大家讨论、交流，很多观点都是大家共同形成的。

我用这个题目"同心协力，补短扬长，开拓中国特色的集成电路产业发展道路"，要跟大家汇报的内容主要有三个方面。第一，基础性与重要性。第二，昨天与今天。这个昨天不是很远，从 2008 年开始，这是很长的故事，讲太远受时间所限，另外与今天的情况也有巨大变化。第三，下一步工作思考与建议。

一、基础性与重要性

首先，芯片问题是事关百年发展的长期战略问题。不是短期应急的问题，并不是今天把这个东西弄完了，明天就没有这个问题了。明天还有这个问题，因此要持之以恒地发展下去。如果说工业化时代最基础的产品是钢铁，那信息化时代最基础的产品就是芯片。

人类的发展过程，从树上下来走到现代文明有两大步：一大步是强壮起来，把骨骼发展起来；另一大步是聪明起来，要理解更多的事情，做事情更迅速更准确，这时候要发达的是大脑。大脑由脑细胞组成，大家可以把集成电路的芯片理解为一个一个脑细胞组成的大脑功能。因此，今天的芯片用在事关百姓生活的所有地方，大家身上有很多的集成电路产品，比如手机、电脑、我们开的车等等。这要靠两大步的支撑：首先，中国发展钢铁工业用了50年，最终支撑了我国工业化时代的经济腾飞，到2020年左右我国的钢产量超过10亿吨，占世界钢铁产量的一半以上。接下来，芯片工业要发展起来。芯片工业是我国信息化时代最大的短板，我们认为需要一个30年以上的长期战略来解决。

2023年中国电子信息制造业规模是21.48万亿元，集成芯片进口额2.46万亿元。2021年集成电路进口额达到2.79万亿元，而全球的集成电路规模大概在6000亿—7000亿美元之间，中国就进口了3000亿美元以上。为什么我们的电子信息制造业这么大呢？我们买来芯片之后，装到终端产品上，又卖到国外去了。因此随着我国电子信息终端产品的不断增长，我们的芯片需求量也迅速增长。这就给了我们非常好的发展机会。

集成电路也有它的基础。芯片产业的基础是半导体材料，

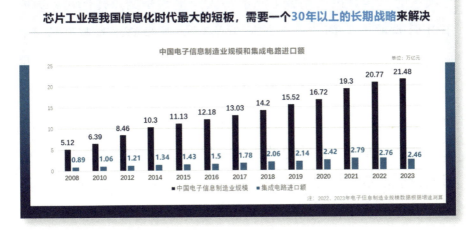

图 7-1　2008—2023 年中国电子信息制造业规模和集成电路进口额

就是做在硅片上面的电路上，当然要有材料基础，另外还有一个装备基础。如果把硅片形容成一张饼，那装备就是在饼上刻花样，它是"刀"。做好"刀"的主要支撑技术是精密机械、工程光学，再加上自动控制，它们构成了集成电路的装备基础。新中国成立之后，20 世纪 50 年代，我国半导体研究开始起步，这跟全世界基本同步。很多人说，为什么那时候我们跟得紧，现在反而跟得不紧了？不是这么回事。整个半导体工业，全世界都是在 20 世纪 50 年代发展起来的，从基础理论上都可以传播。当年新中国成立之后，从国外回来的一些前辈们，他们也掌握这些信息，所以中国也开始发展。但从 20 世纪 70 年代开始，西方高速发展，我们没有跟上。

我个人认为有以下四个主要原因。第一，底子薄。有效需求不足，投入就差得更远。有位老同志曾告诉我，我们在重大专项之前，能够投入集成电路的最大一笔钱是两点几亿元。2008年以后的重大专项，一个领域就是百亿量级的。改革开放后，我们的家底是不一样的。第二，学科积累不够。尤其是精密机械和精密光学。我也看到网上说，20世纪五六十年代我们也在做光刻机，但实在说，那时候的光刻机仅仅是一个照相机的镜头倒过来，加上一些简单的机械装置而已，和今天意义上的光刻机完全是不一样的。我来自中国科学院的长春光机所，长春光机所是我国工程光学的发源地，迄今为止也是领域内最大的研究所，也可以说是最强的研究所，我在这个研究所当过9年所长，我深知那一段历史。90年代的时候，我们做了科技体制改革，必须把手中能干的事情和国际先进水平，和它的历史发展过程做仔细研究对比。我们对这一段历史是深有体会的。第三，"文化大革命"的冲击。当时很多大学、研究所受到了冲击，受到了影响。第四，改革开放之后进口产品的冲击。能买来了，你要研制，就不容易得到支持。应该说类似故事在世界上都发生过。2006年到2015年我在科技部工作，我作为副部长分管国际合作，和俄罗斯打交道。俄罗斯那时候还有科技部（后来它的科技部和教育部并到一起）。当时的俄罗斯科技部副部长，也是前苏联科学院微电子所的所长告诉我，在70年代末的时候，华约组织每年生产的集成电路芯片总量要大于北约组织的，但后来他们也没跟上。在发达国家主导的全球化进程中有一个被称为"赢家通吃"的现象，在市场经济条件下高技术产业如果仅仅作为人家的一个倾销市场，很可能发达国家就把欠发达国家原来有的一点基础打灭了。

什么叫集成电路？20 世纪 50 年代发明了半导体之后，它是 60 年代初开始发展起来的半导体器件。除电阻、电容这些分立器件之外，把半导体二极管、三极管做在一起（面积很小的硅片），再把它封在一个管壳里，我们把这个封有很多个元件的器件叫芯片。这样封起来有什么好处？第一，可靠性高。人工在板上焊接容易产生虚焊，容易在受到震动时脱开。更重要的是，由于它的元件小，电场在里面跑的路程短，处理速度更快。还可以做更复杂的事情。体积小了，重量轻了，如果没有集成电路芯片的不断发展，大家的手机不会像今天这样。而且它最初的最大需求是在军事领域，比如今天的导弹上面，我们有末制导系统，需要装到高速飞行的装置上，要能看到地面上的东西，能辨别出来，而且要迅速计算做出处理。这样一个复杂的系统，如果你的元器件都很大，是很难做到的。

集成电路产业是非常复杂的。它分上游环节、中游环节、下游环节，今天一般是采用这样的分法。它可以应用在工业制造、智能终端、物联网、网络通信等工农业生产中的所有部门，应用系统来定义要什么样的东西，然后设计公司根据应用需求来设计。大体有两类芯片：数字芯片和模拟芯片。设计公司使用的软件有 EDA 软件，还有一些专门的设计软件。设计好了之后的制造分两类，一类是前道，就是把整个电路做到硅片上；一类是后道，就是封装，还要测量，每一件都要测量。再有是供应

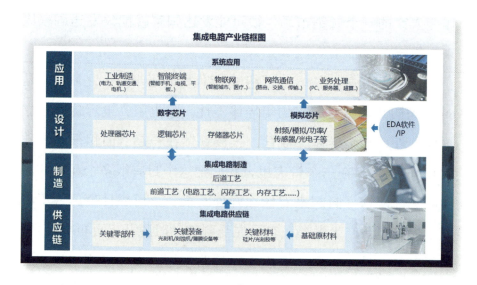

图 7-2　集成电路产业链框图

链。做制造，要有很多装备，还要有很多材料，一类是关键装备，还有一类是关键材料。关键装备包括光刻机、刻蚀机、薄膜设备等。现在的前道工艺，可能有一两百台装备，工艺非常复杂，而且要反复走。还要有关键材料，如硅片、光刻胶、特种气体等。要想做装备，还需要关键零部件，装备厂家也要买很多零部件装在一起。因此可以说，集成电路是非常大的大系统，哪一环节不行都可能断掉。

2008 年是一个重大转折点，这一年国家科技重大专项启动了。在重大专项引领下，中国集成电路产业链构建了比较完整的创新体系。中国拥有全世界最完整的工业体系，发达国家卡我们脖子，会逼得我们越来越完整。我们产品设计有人做，封装集成有人做，装备材料有人做，特别是我们也培养锻炼了一批富有创新活力并且具备国际竞争力的骨干企业。

　　体系有了，但我们肯定还有问题，没有问题为什么人家能卡我们脖子呢？在整个产业中，我们最弱的是什么？是核心装备，例如光刻机。光刻机是这里最复杂、最昂贵、最难攻克的装备，不妨称之为"珠穆朗玛峰"。不仅仅在集成电路产业，很多领域中都有类似问题。我们就是要研究怎样才能造出核心装备、造好核心装备，进而发展出中国的高端装备产业。不仅仅是光刻机，还要把中国其他的高端装备产业做起来。我们季华实验室的目标是攻克显示装备。中国的显示器产业是世界上最大的，但中国做显示器关键核心元器件的装备，是百分百进口的，因此我们也要攻克显示器装备。怎么才能做好这件事？2008 年国家科技重大专项启动以来，我们积累了很多经验，也

图 7-3　中国集成电路产业体系

暴露出不少问题。

在"基础与重要性"这部分的最后，我要告诉大家，我们确实发展得不错，但我们也有一些历史的教训。我再次强调，今人评古人，不同历史环境下出现的问题往往都是走过之后才能真正体会到。我们多次分析讨论，认为中国在 20 世纪 50 年代与国际发展基本同步，当时我们也做了半导体，但在随后的六七十年代，我们没有跟上。从找问题角度出发，有以下问题。

第一，我们没有长期坚持好，或者说往往是"脉冲式"支持。我国半导体事业发展始于 20 世纪 50 年代，先后经历了几个时期，由于这段时期我国的经济环境不断变化，对于这个领域的支持往往是运动式的、间歇式的，多次另起炉灶，这次攻关是这支队伍，下一次攻关是另一支队伍，每一次的停顿或另起炉灶都几乎导致前功尽弃。还有一个原因，国外在迅速发展，中国要跟上潮流，总是在追赶新的，因此没有把以前做的东西长时间坚持下去。

第二，自主创新没有持续。改革开放之后的一段时间里，发达国家希望进入中国市场，希望我们更大开放，当时和今天的国际环境不一样。20 世纪 80 年代，我们大量引进了"33 条线"，其实以美国为首的发达国家在集成电路装备上，特别是在核心装备上，从来没有卖给我们最先进的。80 年代，苏联也有集成电路，因此我们也大量买了他们的东西。90 年代，在外部环境比较好了之后，重点工程往往以"交钥匙工程"全套引进技术，忽视了自主研发，导致技术积累和研发队伍大量流失。很多原来是做自主研发的人，遇到国外的公司来招人，他们都跑过去了。我们陷入"引进—落后—再引进"的怪圈。

第三，创新主体不够明确，产学研分离。改革开放之后，有一段时间国内企业认为国外的比国产的好，它能买到，因此我们自己做的东西没有人要。在大学、研究所的科学家，大家很清楚，装备不可能一下子就上升到那么好，但又不给迭代发展的过程，那我就只能干点别的。因此我们的研究机构往往自成体系，干点自己能干的，与大企业需求脱节。

此外，技术成果的考核和应用也缺乏有效机制。但是这些年来，我们一步一步在改善，一步一步在前进，在探索中前进。

二、昨天与今天

"昨天与今天"这部分内容是给大家鼓劲的，告诉大家，中国的集成电路、中国的芯片产业是全世界发展最快的。

先从 2008 年的那个"昨天"开始说，这一年有两件大事对集成电路产业产生了巨大影响：一是 2008 年发生了国际金融危机，西方一部分企业经营很困难了，它要把它的产品卖出去；二是我国中央政府 2006 年制定的相关重大专项，在 2008 年正式启动了。当时，国外那些曾经对我国封锁的产品与技术突然"开门"了（今天又再度关门，而且关得更严更死）。那时候，曾经想都不敢想的一些外国公司在追着我们，要降价卖给我们设备。我们也突然意识到，终于可以从国家拿到与国外相匹敌的资金支持了，这样就可以制订一个长远计划，扎扎实实地一步一步做下去了。中国的科技队伍信心倍增，开始了加速追赶和力求超越的新长征。

其实，对于集成电路产业相关的基础技术与科学，有两个突出的特点。第一个特点，是典型的"应用牵引"，没有应用需求就没有高速发展。社会上可能有人说，我们在高校就是搞理论的，其实集成电路的基础理论是物理学，物理学中半导体相关问题在20世纪五六十年代就基本解决了，包括一些获得诺贝尔奖的研究，如异质结构、空穴等。你有需求，工业界就投钱找各种技术。大家知道摩尔定律，18个月线宽缩小至原来的一半，存储速度、计算速度随之提升。其实摩尔定律不是物理世界的规律。它是标明在今天这个世界上，如果你真有需求，把所有的技术都找到一起——光学技术、精密机械的技术、控制技术——它可以推进这项技术走多快：可以每18个月翻番。当然今天摩尔定律已经走到物质上的物理极限。还有一个例子，智能手机的生前生后。做集成电路的人都知道，当前很困惑的问题是没有找到像智能手机这样的大需求。这个大需求支撑了2005年以后这段时间全球集成电路产业的重大发展。因为它量大、需要的技术高。随着智能手机的功能越来越强大，它需要各种各样的芯片，而且是高端芯片，比如3纳米、5纳米。智能手机是这些芯片的最大需求来源。当然，现在的人工智能芯片出现以后，对处理速度要求很高的一些需求也需要高端芯片。

第二个特点，是典型的多学科多技术综合，是典型的综合实力比拼。不是在某一点上可以领先，不需要花很多钱，而且不需要很长的产业链。集成电路要发展，产业链关联得很长，涉及的经费和人力都太多了。今天一条 12 英寸的生产线，如果把 EUV 光刻机也包含在内，建这样一条生产线大概需要 500 亿美元。为什么有钱的小国不做这个呢？因为它这个国家里面根本支撑不了这样的产业发展。我本人在 20 世纪 80 年代被我的老师，也是新中国光学创始人王大珩先生送到日本去联合培养，我的博士论文就是关于 EUV 光学的。1989 年我回国之后，日本和当时的欧美国家在讨论，下一代要用短波长来做光刻，就是 EUV 技术。我回国之后每年都会去跟日本 EUV 光学大技术组的客座教授讨论交流，但是中国没有这样的条件。我和我的学生们在国内的小组，我们拿到了中国所有 EUV 相关的项目，总经费全加起来也不过两三千万元。我们不能把这些技术应用到半导体制造领域，因为这个东西关联得太多，我们把它用到了其他领域。的确，它需要很多技术结合起来才能做这类事情。

但今天不一样了。今天中国集成电路产业发展有三大优势，这三大优势是全球独有的。第一，有市场需求优势。我们是第一制造大国，也是集成电路产品的第一应用大国。我们的终端产品制造业，都是万亿美元量级的。手机、电视、显示屏，这些终端产品排第一号的生产国几乎都是中国。中国人今天也富起来了，第一大市场也是中国。第二，我们有制度优势。需要有很多力量集合起来做，谁能做？小国做不了。我们有制度优势，我们有能力（潜力）集成多学科技术共同攻关，

图7-4　中国集成电路产业发展有三大优势

也有能力（潜力）形成综合实力。第三，我们确实有基础。我们有学科基础，有半导体专业、材料专业，十几年前我就和同事们讨论过，全国有几百所高校有材料学院。相关的工程光学、精密机械我们也有很好的技术基础，比如在机械这个行业，20世纪80年代我在长春光机所做研究生的时候做到微米精度很困难，现在微米精度技术普遍被中国的精密机械制造掌握，而且已经做到亚纳米了。我们还有全球最大规模的高等教育，我们有教育基础。

当然我们也有差距，差距主要是两条。第一，缺技术和工程经验。产业发展是干出来的，不是纸面上学来的，看再多书也没有用；也不是实验室试出来的，实验室永远试不出来现在在集成电路或者泛半导体工业上的技术。为什么？因为实验室不具备这个条件。现在做显示的曝光机，像一栋别墅那么大；生产线的光刻机也都像一个大的住家单元上百平方米那么大，而且高度很高，里面集成了超过 10 万个零件。还有它要迭代，你不能设想你做的东西一下子就比 ASML 好、比尼康好，必须一代一代地迭代发展。我们缺少这样的技术和工程经验。按照国际标准的技术攻关和产品研发是从 2008 年才开始的，我们仍然任重道远。第二，发展道路探索。技术或者工程包括 Know-how，突出的是实践性。科学原理一样，但是具体怎么做，各个国家是不一样的。美国人怎么组织的，日本人怎么组织的，德国人怎么组织的，我们的体会都很深，但中国人必须找到自己的组织道路，因为你的资源条件、技术背景和它们的都不一样。比如中国今天没有一个单位、没有一个高校、没有一个企业、没有一个研究所能够完全掌握和具备光刻机所需要的全部技术。而且这些技术基础比较好的单位分布在大江南北，如何有效组织起来是个关键问题。这包括从中央到地方，如何支持这些单位，采取什么样的体制机制来吸引社会资源。当然我们也欢迎国际合作。此外，如何为我们的装备研发提供合适的平台也很重要，不能指望它一下子达到国际先进水平，总要给予一个发展过程。这种适合中国体制机制、符合中国经济条件、发挥中国优势的发展道路，我们一直在探索之中。

讲了优势、讲了困难，再向大家报告一下，我们从 2008 年到今天，16 年过后努力的结果。中国电子工业的终端产品规模从 5.12 万亿元到 21.48 万亿元，增长了 4 倍。进口集成电路的总值，高峰值在 2021 年，2023 年开始下降。发达国家卡我们脖子的效果实际上是更刺激了我们的自主创新。

如果细分一下，在设计上，1999—2000 年间出现了一个显著的增长，这一年我们真正开始着手做中国的设计企业了。过去我们的设计企业缺乏专业分层，在大国企内部都是单位自行完成的。我和周光召先生曾多次讨论，认为可能需要借鉴国外的专业化发展路径。从 1999 年、2000 年起，我们开始专门成立设计公司，吸引了不少国外人才，这种轻资产、少人力的模式很适合设计公司的发展。然而仅有设计公司是不够的，由于仍需依赖国外的加工制造环节，发展仍然受到很大限制。到 2008 年之后，设计公司的业务规模持续扩大，今天中国在设计公司上已经是世界第二大，16 年间增长 16.8 倍。

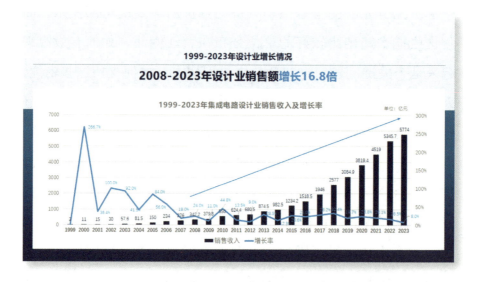

图 7-5　1999—2023 年中国集成电路设计业销售收入及增长率

再看制造，做芯片的。2008—2023 年，制造业销售收入增长了近 10 倍。在过去几年中，全球的集成电路芯片制造业都是下降的，只有中国在逆势增长。西方越不愿意卖给我们，我们越要自己来做。

中国的晶圆制造，中国的芯片制造，有内资企业、外资企业也有台资企业，总体来讲我们是自给的。

封测我们相对比较强。全球前十大封测企业，中国的占了第三、第四和第五位。这个领域过去很少提，因为它处于相对后端，较少得到政府的支持。从 2008 年开始，国家对这个领域支持了以后，16 年间它的销售额也增长了近 5 倍。

装备是我们最弱的环节，但增长是最快的。2008 年我们全部装备的销售收入是 17 亿元，2023 年是 707 亿元，今年还会继续增长，我预计也许会超过 800 亿元；我们的复合增长率，增长了 41.6 倍。

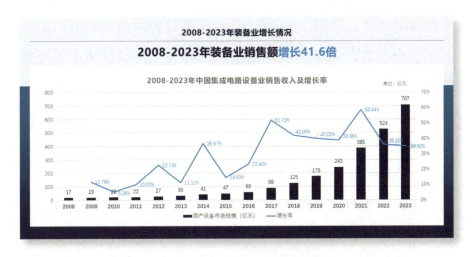

图 7-6　2008—2023 年中国集成电路设备业销售收入及增长率

2023 年全球半导体销售额仍处于下行周期，全球主要半导体企业的销售额是下降的，这个下降之所以不大，是因为相当一部分中国企业仍在积极采购。但中国 14 家代表厂商总体增速非常高，现在依然保持，这说明业内形成了一种共识。这是好的一方面。另一方面，依然任重道远。国产装备企业的规模和研发投入较国际大企业有较大差距。2017 年到 2023 年三季度，国际代表厂商（我们统计了前五家大企业），他们的研发总投入达到 569 亿美元，占他们营收的 12.5%。国内的 14 家企业加起来的投入都不到它的 1/10。当然其实我们更重视研发，我们的研发投入占营收的 21%，占比高于国际同行，但是他们的规模比我们大很多，尽管占比比我们低，但绝对数比我们大很多。

再看材料。2008—2023 年增长了近 10 倍。我们潜力很大，材料领域还有很大的增长空间。我们不仅仅是绝对量增长，覆盖面也是越来越宽。当年我在科技部工作的时候，我们组织过大硅片的攻关，今天大硅片已经实现了对国内主要 FAB 厂的主要工艺全覆盖，大家都愿意用国产的硅片了。我们组织过光刻胶攻关，相对比较粗的 I 线光刻胶市占率已经超过 20%，UV 的更短波长的光刻胶我们也在攻关之中，在溅射靶材、抛光材料、特种气体方面，有些甚至已经成为全球主供应商。给了压力之后，我们增长得更快了。封装材料也取得了长足进展。

还有一个特别重要的就是零部件。以前往往这些领域没有统计到半导体领域，但事实上现在分工越来越细，主要装备厂家只是做设计，最难做的装备中很多东西是外购的。过去外购

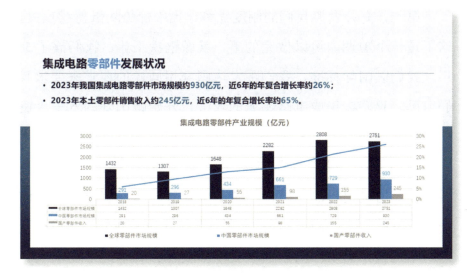

图 7-7 集成电路零部件产业规模

的这些东西我们在国内能生产，但没有需求，也没有人组织，也不愿意直接面对外国厂商。国内人试制，市场量又太小。2018年开始，由于国外"卡脖子"了（不仅仅针对整机，还包括零部件），因此我们开始准备零部件攻关，也设立了一些专门项目，这使得我们零部件近6年的年复合增长率达到65%，增长非常快。

三、下一步工作的思考与建议

我想引用毛主席的那句话：战略上要藐视敌人，战术上要重视敌人。在攻关中，我们要重视现在存在的问题。借今天难得的机会，我特别想讲讲对下一步工作的思考与建议。

第一，充分发挥我们的制度优势，集中优势队伍持续攻关。这不是一个短期内可以做完的事，就像钢铁工业，我们搞了50年。我们以国际标准，我们跟发达国家用同样的要求来要求我们自己。我们在集成电路领域的攻关，开始跟国外的竞争大概从2008年真正开始，前期是我们的预热或者准备，到现在还不到20年时间。因此还要坚定信心，要长期打下去，特别是高层，高层的坚定是攻关队伍的定心丸。我对这点有特别深的体会，因为我当过9年研究所的所长，那9年里，我们脑子里第一大问题是国家需求。国家需求会不会变化？如果这个需求不会变化，我们就会扎扎实实地组织队伍去攻关。缺少资源我们找资源，缺少条件我们创造条件。但如果国家层面没有下定决心或者只是口头下决心，没有在行动上体现出决心，那我们也很迷惑。科技人员要找饭吃，而且人生宝贵，大家愿意贡献力量，但如果这个地方没有条件贡献力量，或者这个战场不用我，那肯定转移到别的战场。因此我们建议体制机制改革，要以建设大范围的、全产业链的命运共同体为目标，减少争名夺利，鼓励推功揽过。现在很多场合往往大家一碰到一些问题就容易揽功推过，这是非常不利于我们大领域攻关的。

第二，机制。从资源配置到奖励制度都应该以建立命运共同体为目标，不要过于突出个人。在这个领域真的不能过于突出个人、不能突出哪个单位，他们都同等重要，当然工作难度有所不同，但是产业链每一个环节都很重要。

我们从两年前开始越来越看到这一点的重要性。我们不仅要在传统赛道上攻坚克难，还要特别注意全产业链和供应链，只有让每一环都不被人卡死，才能真正建立主动权，掌握自主发展权。同时要敢于开辟新赛道，打造新生态，推进我们的"再全球化"。迄今为止我们基本还是路径依赖，发达国家做过那我也这么做。今天你不卖给我，你曾经做过的东西我一定要自己做出来。当然这是必要的。改革开放之后，中国的产业链也融入了世界产业链，这个产业链基本是第二次世界大战之后，发达国家兴起的。所有新的东西基本都是发达国家提出来的，怎么做这些新的东西也是发达国家先蹚出的路。当然中国今天走得很快，我们是电子产品的最大生产国。今天他（发达国家）突然觉得你可能要砸他的饭碗——尽管我们事实上是想建立命运共同体，大家共同富裕，但是他不认同——他认为你就是要砸他的饭碗，于是这条线上他就不想带你玩儿了。总之，我们是这条产业链上的一部分，我们缺什么要尽量补。另外要敢于开辟新赛道，打造新生态，然后推进建立命运共同体，再全球化，最关键的是用好中国的市场优势。

去年开始我们就讨论，我们应该以行业应用方案为例，用中国现在比较强的东西，比如中国的家电、新能源、电动交通、电动汽车等，这里面都用到了大量集成电路。现在这些集成电路基本是发达国家的，或者他们已经很成熟了以后，中国也造了这样的集成电路。可以设想，今天已经有了一定基础了，我们重新定义一套集成电路。比如说可以把它简化，实现更低成本、更高可靠性。其实简化和高可靠性是不矛盾的。发达国家原来设计的芯片让我们用，我们可能只用很少一部分，这部分我们可以重新设计。我们有终端产品的优势，无论是洗衣机、彩电、空调，中国都是全世界最大的生产国，这里面的芯片应该重新由我们定义。过去都是人家定义的，而且人家高价卡我们脖子。中国人吃过很多这样的苦头。今天我们应该好好利用我们的优势，开展应用创新，过去没有这个条件。经济学上有个名词叫有效市场需求，中国长期是世界上人口第一大国，但某个消费品如果只有1%的人才能买得起的话，那中国的有效需求要乘以0.01。今天中国经济条件上来了，一些有效需求再乘有效需求系数，中国还是最大市场。我们要在这些领域开拓创新，开辟新的芯片标准，不仅仅满足中国需求，借助"一带一路"也可以满足全世界人民的需求。

我这里特别解释一下"路径依赖"。发达国家走过的这条路我们是要走的，我们现在也在努力地做，但如果仅限于跟着做，将会是制约我国集成电路向高端迈进的最大"卡点"。我们应该利用我们的优势，倒逼我们这个行业开展路径创新，形成新赛道。在传统技术路径上，中国先进制程的发展正遭遇全方位的堵截，如果不能开辟新赛道，三到五年内有重回中低端的风险。这里有一个坡，这个坡就是EUV光刻机，我们在过坡。现在也有一些所谓岔路，其他技术也可以绕过去，如FDSOI、FinFET，这是很专业的一些词，就不花时间解释了。总之，我们在传统技术路径上努力的同时，应该想想还有一些什么新的路径，现在对这些我们关注得不是很够。这张图（图7-8）

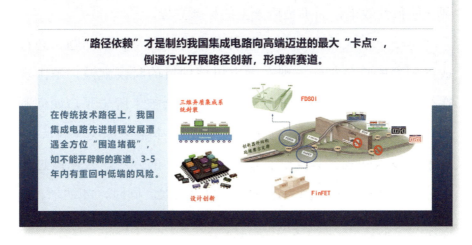

图 7-8　"路径依赖"才是制约我国集成电路向高端迈进的最大"卡点"

是想告诉大家，对能够绕开、避开 EUV 光刻机的这些技术，我们同样要给予高度关注。

当前对我们的集成电路领域，包括技术、工程、产业，的确有很多议论，网络上大家的讨论也很多。我认为现在有若干的误区。第一，往往说路径创新就是要替代传统赛道，就是要另起炉灶。我不这样认为，我们的路径创新是要利用好现有条件，要敢于突破传统赛道。至于是不是现在就另起炉灶，现在肯定不是。将来是不是另起炉灶，走着看。第二，现在对颠覆性创新讲得太多太滥。许多所谓颠覆性创新只是流于概念，甚至只是把外国炒过的冷饭拿到中国再炒一番，还说自己是颠覆性创新，这很荒唐。眼下最需要的是以现有工业体系为基础的创新，换句话说解决现在最需要解决的问题，让我们的产品上一个档次，或者让别人不能卡我们脖子。我们的创新核心是体现出颠覆性效果，而不是概念上的标新立异。

再一个很大的问题是盯着所谓先进制程及相关问题，忽视成熟制程的特色创新。现在大家申请项目的时候就说，中国现在很多 14 纳米、28 纳米的研究，已经不会被卡脖子了，如何利用这些技术的创新就不被重视了，说你有本事去解决 5 纳米、7 纳米的技术问题。其实这种说法只有一小部分对。人家做过的事情我们确实要做，因为这样可以少犯错误。同时，14 纳米、28 纳米、45 纳米这种宽线条的芯片还有结构创新、应用创新，还有很多相关的创新应该关注，而且应该有实实在在的政策去引导和支持大家做这类事情。我前面讲过，中国的家电、新能源汽车、高铁等，我们应该用现有的芯片制造技术来提出一些新的设计方案、新的应用场景，大家一起攻关。这些东西是发达国家卡不住我们的，而且这些东西在满足国内很大市场的同时，也特别适合于"一带一路"的发展中国家，我们不卡他们，我们和他们共同发展，在这方面我们做得不够。这两年来我总在中国集成电路产业联盟和家电联盟说，你们要设计中国的新的芯片，外国的芯片即使打折了、便宜了，因为所有的家电由中国生产，它也愿意卖给中国，但我们应该在这个基础上更进一步，拿出我们自己的、新的、有中国特色的创新来。

全产业链现在存在一个问题，仍未摆脱路径依赖。很多时候是美国人说这个东西不卖给中国了，我们才想起来要支持这个。我们的攻关就是进口替代。已有的全球化造成了整个生产

链条、整个产业环境，从原材料到制成品到终端市场都是发达
国家一起搞起来的。从现在起我们应建立一个总体思想，习近平
总书记提出两个循环互相支持，既然在现有的大系统里面，有
人卡我们脖子，我们就要敢于立志做一个新循环，敢于路径创
新，重建产业生态！

最后我想说，紧密协同才能实现共赢，主动创新才能自立
自强！

第八讲 "双碳"目标与生态系统固碳

主讲人：朴世龙

　　朴世龙，第十四届全国政协常委，北京大学副校长、城市与环境学院教授、碳中和研究院院长，中国科学院院士。

　　朴世龙常委主要从事自然地理学领域的陆地生态系统与气候变化互惠关系研究，在中国陆地生态系统碳汇功能、陆地生态系统对气候变化的响应及反馈等方面取得了系统性的创新成果，入选"2009 年中国基础研究十大新闻"和"2013 年中国高等学校十大科技进展"，获第十二届中国青年科技奖（2011）、发展中国家科学院地球科学奖（2016），曾担任全球碳计划科学指导委员会委员。

◇ 时间：2024 年 11 月 19 日

◇ 地点：中国矿业大学（北京）学院路校区科技会堂四层报告厅

📒 主讲人寄语

　　人类活动导致大气二氧化碳浓度升高，气候显著变暖，对地球系统的各个圈层产生了深远影响。为应对气候变化，我国承诺 2030 年"碳达峰"、2060 年"碳中和"目标，是推动构建人类命运共同体的伟大壮举。我国实施"双碳"战略尚面临碳中和科学和技术支撑、能源结构调整、生态系统碳汇巩固提升等多方面的挑战。为此，亟须深入研究气候系统变化规律，科学设计碳中和实施路径，构建区域、行业协同碳减排体系，监测生态系统碳汇变化，加强生态系统碳汇管理，因时因地实施生态工程，践行"绿水青山就是金山银山"理念，大力推进新时代生态文明建设。

很高兴来到全国政协委员科学讲堂，跟大家交流我对"'双碳'目标"与"生态系统固碳"方面的一些初步认识。有些内容是我的个人观点，可能存在不准确之处，恳请大家批评指正。我今天主要从三个方面进行汇报。

一、"双碳"目标的总体背景

我们知道，工业革命以来，人类对地球的影响前所未有，导致地球系统以空前的速度发生变化。2009 年，国际地层委员会专门设立了"人类世"这样一个工作组，他们认为地球已经进入由人类主导的新的地球地质时代。2016 年，在南非召开的第三十五届国际地质大会上，经过投票表决，这一地质时期正式被确认。我们可以看到，目前地球上塑料的重量已经超过了所有动物的总重量，地球上建筑物的重量也已经超过了树木、灌木、草等生物量的总重量。所以，人类对地球的影响是非常显著的。

一些科学家认为，人类社会与地球系统快速演化的直接结果是，地球系统的运作正在脱离安全范围。比如，2009 年《自然》

杂志发表的一篇文章认为，在九种关键的地球系统过程中，气候变化、生物多样性丧失和氮循环等问题已经超出了地球的承载极限。但是 2015 年《科学》杂志发表的一篇文章却认为，气候变化尚未超过地球的承载极限，尽管已进入潜在的高风险区。所以我想说的是，气候变化问题确实是非常严峻的，但科学界在这方面的认识仍然存在很多争议。

提到气候变化，大家在媒体上经常看到的是联合国政府间气候变化专门委员会，英文简称 IPCC。这是由世界气象组织和联合国环境规划署联合建立的一个机构，主要任务是对气候变化科学知识的现状、气候变化对社会经济的潜在影响，以及适应和减缓气候变化的可能对策进行评估，并向政府管理部门提出建议。但我想强调的是，这个委员会本身并不自行开展科学研究，而是基于全球科学家已经发表的文献进行评估，整理出当前的关键结论，并确保这些文献都可以追溯到原始出处。

IPCC 每五到六年会编写一次综合评估报告，到目前为止一共发布了六次报告。IPCC 设有三个工作组：第一工作组侧重于气候变化的科学基础，第二工作组主要探讨影响、适应与脆弱性，第三工作组则侧重于减缓气候变化的对策。值得一提的是，IPCC 的科学家由全球申请，并通过严格的选拔机制产生。中国科学家参与 IPCC 的程度逐步提升，比如在 1990 年第一期评估报告时，中国只有 9 名科学家参与，其中 7 人是贡献作者，也就是在特定领域提供意见而非直接撰写报告；到了第六次评估报告，中国科学家参与的人数已经达到 60 人。更令人骄傲的是，在 IPCC 第一工作组中，中国科学家多次担任重要职务。比如，第三次评估报告中，丁一汇院士担任了第一工作组联合主席；第四次和第五次评估报告中，秦大河院士担任联合主席；第六次评估报告中，翟盘茂研究员担任联合主席。而正在进行的第七次评估报告中，张小曳研究员也担任了联合主席。联合主席只有两位，这充分说明了我国在气候变化研究领域的国际影响力和研究水平正在不断提升。

我们看看过去一百年来，全球气候到底是怎样发生变化的。

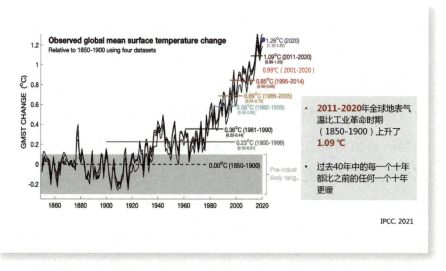

图 8-1　20 世纪以来，全球平均气温急剧增暖

这是 IPCC 2021 年发表的气温变化图（图 8-1）。从这张图里可以看出，全球温度的上升确实非常显著，尤其是从 20 世纪 80 年代以来，上升速度明显加快。我们在这里要关注几个数字：如果将 2020 年的温度与工业化革命以前的温度相比，已经上升了

1.26℃；如果将 2010 年至 2020 年十年间的平均温度与工业化革命以前相比，温度上升了 1.09℃。我待会儿会讲到《巴黎协定》中提到的目标，我们要力争将全球升温幅度控制在 1.5℃以内；而目前我们的温度已经上升了 1.1℃，未来可供上升的空间非常小，只有 0.4℃。过去四十年里，每隔十年，全球温度都会比前十年显著提高一些。很多人认为，温度本身是变化的，我们需要更长的时间去观察。但 IPCC 指出，近五十年的增暖在过去两千年间是前所未有的，甚至是十万年来最显著的气候变化。

除了温度以外，整个气候系统也正在发生变化。比如，我们目前的大气二氧化碳浓度，至少是近两百万年以来的最高水平，且这一结论的可信度非常高。刚才提到的甲烷和一氧化二氮等温室气体，浓度也达到了近 80 万年以来的最高值。而夏季的海冰范围，已经是近一千年以来最小的。此外，海洋酸度的问题同样值得关注，它已经是近两百万年以来最为严重的。由此可见，除了温度的上升，整个气候系统正经历着显著而深刻的变化。

除了气候的平均状态和平均温度发生变化之外，我们现在也更加关注极端事件。可以看到，极端高温和热浪的情况正在显著增加。过去几十年，全球大部分地区的极端高温事件发生频率明显上升。比如，2022 年重庆的极端高温，还有今年很多媒体报道的各地高温事件。世界气象组织表示，未来这些热浪将成为常态，我们将看到更强烈、更加频繁的极端情况。这是温度方面的变化。

大家现在关注的还有极端降水和干旱事件。比如，几年前发生在郑州的大暴雨，以及欧洲一些地方出现的极端干旱事件。英国在过去五百年里罕见地经历了干旱，2003年整个欧洲遭遇了极端干旱，不仅导致一些老龄人口死亡，还对农作物产量造成了显著影响。

很多人会问，气候变暖到底与极端干旱事件有什么关系？我想强调的是，像郑州这样的极端降雨事件，肯定不是由气候变暖直接引起的，但气候变暖会导致这种极端降雨事件的强度增强。为什么呢？气候变暖以后，大气中能够容纳的水汽含量会明显增加，一旦具备了降雨条件，就很容易形成暴雨。我们可以看到，近年来出现了很多这样的降雨事件。但同时，大气中水汽增多也会使得降雨不容易发生，因此干旱的时间也会拉长。在全球变暖的背景下，就是两个极端问题：要么不下雨，要么一下就是暴雨，这类事件的发生概率和强度都会显著增加。当然，某一个具体的极端降雨事件或者高温事件，不一定直接与气候变暖有关，但气候变暖的确起到了放大强度的作用，使这些事件变得更加极端和剧烈。

那么气候变暖是不是都是不利的？其实不一定。

我举一个水资源的例子，这是河流径流的预估结果，由IPCC通过多个模型进行估算，图8-2中绿色和蓝色代表未来水资源会增加，而红色和黄色代表水资源径流量会减少。大家注意到了吗？为什么欧洲那么害怕气候变化？就是因为这个原因。我们可以看到，整个南部欧洲，像西班牙、法国这些地方，

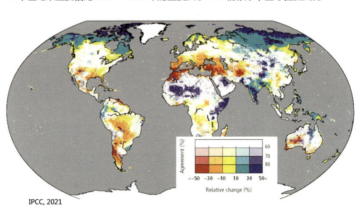

图8-2 气候变化对水资源的影响

未来在气候变暖的背景下，水资源会显著减少，干旱情况会加剧。从历史气候变化的角度来看，温度高的时候，这些欧洲国家通常都会面临干旱。我个人认为，欧洲国家对气候变化的担忧，并不是从全球尺度来考虑的，而是出于对自身利益的关注，他们研究气候变化，主要是因为它对他们国家不利。你会发现，美国的情况也是一样的。

反观我国，尤其是青藏高原和西部地区，整体的水资源是会增加的。主要原因是什么？因为气候变暖后，西风会加强，带来更多的水汽。在古气候研究中也能看到类似的现象，比如唐朝时期，温度较高，气候环境较好，所以当时的气候表现与现在类似。

欧洲科学家所谈论的气候变化不利，往往并不是从全球的尺度来探讨问题，而是更多地基于他们本国的利益，美国的情况也是如此。为什么这么说呢？因为他们也会研究气候变化对其他国家的影响。2004年《人民日报》科技版曾刊登过一篇文章，提到美国在2000年预测中国将会出现大旱，尤其是在2010年至2020年这十年间，西南地区可能会发生显著的干旱。他们会不断评估这些研究，而实际情况是，2009年我国西南地区确实发生了一些干旱现象。

刚才说了水资源里面，有些地方有利，有些地方不利。我们再看看植被生长的情况。这是我们研究的结果（图8-3），从20世纪80年代到现在，通过遥感数据的累加，我们发现植被总体上是增加的，叶子面积的增加量大约是540万平方公里，相当于亚马逊雨林的面积。为什么气候变暖之后，植被生长反而增

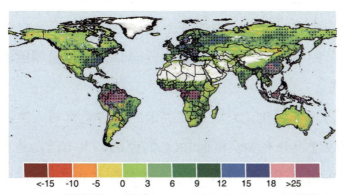

1980s以来全球植被叶面积增加了540万平方公里，相当于亚马逊雨林的面积

Zhu & Piao* et al., Nature Climate Change, 2016; Piao* et al., Nature Review Earth & Environment, 2020

图8-3 气候变化对全球植被生长有利

加了呢？主要原因是大气二氧化碳浓度上升，这与光合作用密切相关。二氧化碳浓度升高后，自然会提高植被的生产力，导致叶子的数量和面积都显著增加。

那么到底气候变化对中国有怎样的影响呢？根据《中国气候变化蓝皮书》2021 年发布的结果，中国是全球气候变化的敏感区和影响显著区，增温的速度明显高于同期全球平均水平。主要原因是什么呢？我国新疆等地区比较干旱，温度上升后，湿润的地区水分蒸发会带走一部分能量，而干旱地区因为缺少水分蒸发，这种散热现象不明显，所以干旱地区的温度上升一般会更快一些。此外，我国青藏高原地区本来被雪和冰覆盖，但随着气候变暖，冰雪开始融化，地表的反照率随之下降，地表变暗，吸收更多的太阳能，从而加速了整个气候变暖的过程。

另外，中国在过去几十年里高温和强降水事件明显增多增强，风险水平也呈上升趋势。此外，我国的海平面上升速率高于全球平均水平，青藏高原的冻土退化也较为明显，这对青藏高原冻土区的活动会产生显著影响。同时，海洋珊瑚礁的影响也比较显著。

这样的气候变化，到底是谁决定的？它是否与人类排放的二氧化碳浓度上升有关？根据 IPCC 的评估，人类活动是当代气候变暖的主要原因。从 IPCC 过去六次的评估报告中可以看到，这一结论的可信度在逐渐增加。1990 年第一次评估报告指出，人类活动产生的各种排放正导致大气中温室气体浓度显著增加，从而增强温室效应，使地表温度上升。2001 年的时候，IPCC 评估报告认为近五十年观测到的大部分增暖可能归于人类活动造成的温室气体——当时用的是"可能"，第四次用的是"很可能"，第五次用的是"极有可能"，2020 年用的是"毋庸置疑的是，人类活动的影响已经使得大气、海洋和陆地变暖"，几乎百分之百认为人类活动导致二氧化碳浓度的上升是气候变暖的主要原因。

　　那么科学家是如何确定二氧化碳浓度上升是气候变暖的主要原因的呢？由于地球系统非常复杂，只能通过气候模式或地球系统模式进行模拟和评估。

　　图 8-4 中，黑色曲线表示过去一百年来观测到的温度上升，绿色曲线是当模型中仅考虑自然因子（如太阳辐射、火山活动）时的温度变化结果。通过模拟发现，过去一百年里，仅靠自然因子驱动，地球温度基本没有明显上升。而当我们将人为排放

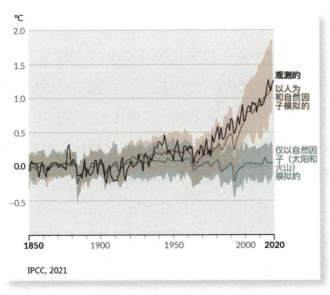

图 8-4　人类活动是当代气候变暖的主要原因

的二氧化碳加入模型中后，温度就出现了显著上升，且与观测数据高度一致。因此，通过这样的实验，科学家得出结论：人类活动是当代气候变暖的主要原因。

当然，这其中依然存在一些不确定性，我稍后会讲到。但这些研究成果的影响是巨大的，甚至获得了 2021 年诺贝尔物理学奖。由于地球系统极为复杂，诺贝尔奖委员会认为，这项研究解决了复杂系统的关键科学问题。该奖项颁给了美籍日本科学家真锅淑郎和德国科学家克劳斯，他们两位在气候变暖的归因研究方面作出了开创性的贡献，揭示了气候变暖的根本原因。

刚才提到，人为排放的二氧化碳浓度上升是气候变暖的主要原因。那么大家可以想象一下，如果未来二氧化碳的排放持续增加，本世纪末地球或大气中的二氧化碳浓度会达到什么程度？因为我们无法准确预测本世纪末人为排放的二氧化碳量，所以 IPCC 给出了不同的情景：如果是高排放情景，也就是我们不采取任何约束措施，二氧化碳浓度将持续增加，预计到本世纪末，大气中的二氧化碳浓度将达到白垩纪时期的水平——那个时代是恐龙的时代。如果采取一系列措施，按照中等排放情景，大气中的二氧化碳浓度将在本世纪末达到始新世的水平，那时地球是没有冰盖的。如果是低排放情景，大气二氧化碳浓度有可能接近中新世或上新世，那时北极仅存在小冰盖。可以想象，如果我们不控制人为二氧化碳的排放，地球温室效应带来的后果将会非常可怕。

在这样的背景下，国际社会开始积极应对气候变化。国际应对气候变化的进程经历了三个阶段。第一阶段是 1992 年，《联合国气候变化框架公约》签署。第二阶段是 1997 年，达成了《京都议定书》，当时国际社会雄心勃勃，努力合作应对气候变化。然而，小布什上台后，应对气候变化的进程出现了倒退。第三阶段是 2009 年哥本哈根会议，奥巴马执政后，全球信心逐渐重建，最终在 2015 年达成了具有里程碑意义的《巴黎协定》。整个国际气候外交遵守的是三个基本法律框架：1992 年的《联合国气候变化框架公约》、1997 年的《京都议定书》，以及 2015 年的《巴黎协定》。

大家会问，如果我们不控制二氧化碳排放，二氧化碳浓度将达到白垩纪时期的水平，面临的影响和风险是非常清楚的，但为什么气候变化的国际谈判经历了如此漫长的过程？从 1992 年到现在，这个过程仍在继续。这里面最核心的问题是责任划分——目前的气候变化到底是谁的责任。我们发展中国家一直认为，当前的全球温度上升主要是发达国家造成的。那么，发达国家和发展中国家对气候变化的贡献究竟有多大呢？北京大学碳中和研究院的老师们曾进行过研究，并发表了相关成果。研究表明，目前全球温度的上升中，美国的贡献大约是 22%，但这不仅包括大气中的二氧化碳，还要综合考虑甲烷、一氧化二氮，以及农业活动排放的甲烷等因素。欧洲（最早的欧盟 15 国）的贡献大约是 14%，而中国对目前温度上升的贡献大约是 8.6%。由此可见，我国目前对气候变暖的责任相对来说要比美国和欧洲小很多。然而，如何合理分担这份责任，是一个至关重要的问题。我们经常提到，发达国家应通过资金支持来帮助发展中国家。此外，气候变化还与其他领域息息相关，比如粮食安全等问题，这些都是重要的关联因素。

气候变化问题极为复杂，它已经从早期的科学问题转变为一个涉及环境、科技、经济、政治和外交等多学科交叉的综合性战略问题。它不仅关系到温室气体未来的排放权，也与各国的发展权密切相关，同时还关系到国际政治主导权的争夺。

2015 年巴黎大会达成了《巴黎协定》，这背后，各个国家和地区的观点都有其背景。党的十八大以来，我国大力推进生态文明建设，推动绿色、循环、低碳发展。美国当时希望通过推动能源转型，打造新的经济增长点；而欧盟则一直致力于构建碳交易体系，通过碳交易实现利益最大化。正是由于各个国家和地区的目标在一定程度上互相契合，才促成了 2015 年《巴黎协定》的达成。《巴黎协定》主要达成了三个目标：一是温控目标，即到本世纪末，全球温度上升幅度不能超过工业化水平的 2℃，力争控制在 1.5℃以内。目前大部分科学家认为，要实现 1.5℃的温控目标难度非常大。二是提高适应气候变化不利影响的能力，因为应对气候变化不能威胁粮食生产，粮食生产与人类的生存息息相关。三是资金流动要符合温室气体低排放和气候适应性发展的路径。

那么要实现 1.5℃或 2℃的目标，我们未来的排放会是什么样的？

这是科学家们计算出的结果。图 8-5 中，绿色部分表示 1.5℃

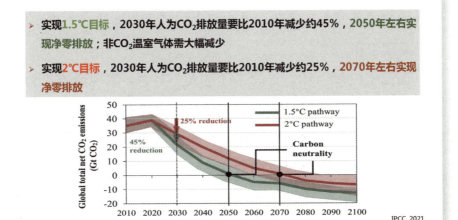

图 8-5　1.5℃ /2℃温控目标路径

目标，红色部分表示 2℃目标。我们可以看到，要实现 1.5℃目标，全球必须在 2050 年左右实现净零排放，也就是不能再向大气中人为排放二氧化碳。这也是为什么大部分国家将碳中和的目标设定在 2050 年。科学家通过数学模型计算后认为，只有到 2050 年实现碳中和，未来的温度才有可能控制在 1.5℃以内。而如果目标是 2℃，那么全球需要在 2070 年实现净零排放。因此，在这个背景下，碳中和的概念应运而生。

　　我们学界或者媒体中经常会看到"碳中和""温室气体中和"和"气候中和"这几个概念，那么它们之间是否是简单的叠加关系呢？其实，IPCC 对这些概念有明确的定义。

　　什么叫碳中和？碳中和是指通过平衡二氧化碳人为的排放量与人为去除量，完全消除二氧化碳人为的排放，实现净二氧化碳的零排放。简单来说，就是我们排放多少二氧化碳，就通过人为方式将其全部吸收，使大气中的二氧化碳浓度不再增加，这就是碳中和。

而温室气体中和，指的是通过人为努力，实现所有人为排放的温室气体的气候效应为零。像甲烷这样的温室气体，因为与粮食生产密切相关，不可能完全阻止其浓度上升，但通过减少其他温室气体的排放或采取抵消措施，可以实现温室气体的气候效应中和。所以，二氧化碳的减排更为关键，通过减少二氧化碳排放的方式，可以抵消甲烷等温室气体的温室效应，从而让整体的气候效应达到零，这就是温室气体中和。

那么气候中和又是什么呢？我们知道，中国过去几十年温度上升速度比全球其他国家快，这也与我国城市化等土地利用变化过程密切相关。在气候中和的概念中，不仅要考虑温室气体的排放，还要考虑人类活动对气候的综合影响，实现这一系列影响的完全抵消，包括通过土地利用等方式，使气候效应也达到零。因此，气候中和的力度要大得多，实现起来也非常非常困难。目前，我们更多的关注点仍然是温室气体中和。

我刚才提到，目前全球 140 多个国家已经提出了碳中和目标。比如，不丹的生态环境状况非常好，排放相对较少，已经实现了碳中和；像我国的青藏高原，由于这些地区的生态系统固碳能力远远超过了人为排放，也已经实现了碳中和。欧盟大部分国家设定的碳中和目标是 2050 年，我国和哈萨克斯坦的目标是 2060 年，而印度提出的目标则是 2070 年。大部分国家目前都已明确提出了碳中和目标。不过，西方国家的碳中和承诺往往与其选举政治密切相关，尤其是在美国。比如，2017 年特朗普上台后，认为《巴黎协定》不利于美国的国家利益，因此退出了《巴黎协定》。而 2021 年拜登上台后，又重新加入《巴黎协定》。现在特朗普再次上台，他很可能再次退出《巴黎协定》[①]，这种反复对全球气候行动的影响是非常明显的。我举个例子：2018 年我们参加 IPCC 第六次评估报告的撰写，当时美国已经退出《巴黎协定》，所以那些由美国政府资助的大学和科研机构的科学家都没有参与 IPCC 的撰写工作。他们认为，这是他们国家政府的立场，所以也选择不参与，这种政治意识的影响是非常显著的。

欧洲确实在气候变化领域走在前列，大家也都公认这一点。但我们也可以看看俄乌冲突前后，欧洲气候政策的变化。俄乌冲突之前，德国承诺到 2030 年将温室气体排放较 1990 年减少65％，到 2035 年实现可再生能源发电全覆盖，并在 2050 年实现碳中和目标。然而，2022 年俄乌冲突爆发后，德国修改了相关法令，推迟了燃煤电厂的退役时间，重启备用电厂，放弃了 2035 年实现 100％可再生能源供电的目标。可见，能源危机出现后，政策也会因为发展需求而发生变化。再比如丹麦，俄乌冲突前，哥本哈根计划在 2025 年成为全球第一个实现碳中和的城市，但2022 年以后，这一目标被放弃；荷兰也是如此。这些例子表明，碳排放和能源问题与发展密切相关，能源的稳定供应对政策走向有着决定性影响，因此各国的气候目标也往往受到现实发展

[①] 2025 年 1 月，美方已正式通知联合国，美国总统特朗普决定再次让美国退出《巴黎协定》。

需求的制约。

当然，国内的科学家（包括我自己）以及在座的很多同学，目前所做的研究基本上集中在我国，但我们也应该多关注西方国家的政策和环境，了解他们到底是怎么样的，围绕这些内容多写一些文章，给他们压力。比如，当中国的二氧化碳排放浓度较高时，西方科学家就会写很多文章，质问为什么中国的二氧化碳浓度降不下来，此时我们学界的研究声音却显得非常弱。这正是我们需要加强的地方，我们不仅要深入研究国内的情况，还要研究西方国家的生态环境，这些都是非常必要的。

我国的目标是 2030 年达到碳排放峰值，2060 年实现碳中和。这是习近平总书记在第 75 届联合国大会上提出的目标，而实现这一目标对我国来说难度非常大。在此之后，我国也构建了"1+N"的政策体系。其中，"1"是指中共中央、国务院《关于

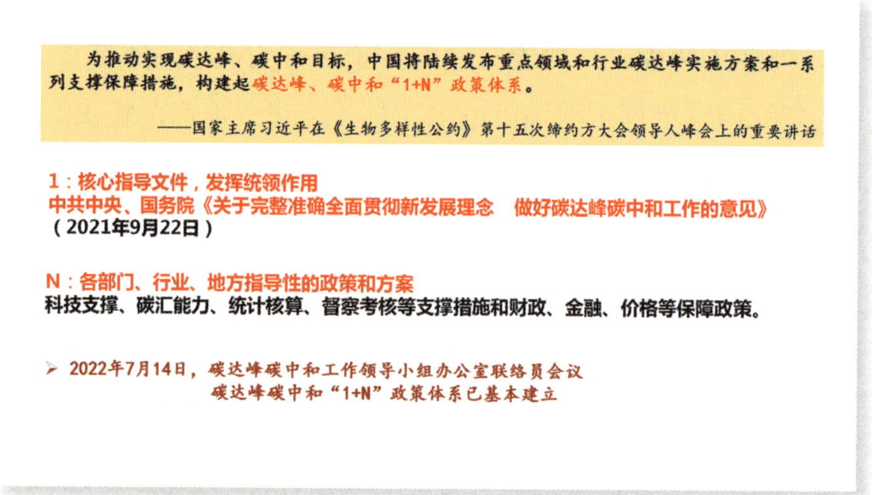

为推动实现碳达峰、碳中和目标，中国将陆续发布重点领域和行业碳达峰实施方案和一系列支撑保障措施，构建起碳达峰、碳中和"1+N"政策体系

——国家主席习近平在《生物多样性公约》第十五次缔约方大会领导人峰会上的重要讲话

1：核心指导文件，发挥统领作用
中共中央、国务院《关于完整准确全面贯彻新发展理念 做好碳达峰碳中和工作的意见》（2021年9月22日）

N：各部门、行业、地方指导性的政策和方案
科技支撑、碳汇能力、统计核算、督察考核等支撑措施和财政、金融、价格等保障政策。

➤ 2022年7月14日，碳达峰碳中和工作领导小组办公室联络员会议
碳达峰碳中和"1+N"政策体系已基本建立

图 8-6　构建碳达峰、碳中和"1+N"政策体系

完整准确全面贯彻新发展理念　做好碳达峰碳中和工作的意见》，这是总的核心指导文件，发挥着统领作用。而"N"指的是各个部委针对各自的行业和领域，提出的一系列政策文件。我在这里就不细讲了。我想强调的是，很多人说中国是全球碳排放量第一，但实际上我们对气候变暖的贡献非常小，美国的贡献是22%，而我们只有8.6%；即便如此，我们依然承诺了碳中和目标，充分体现了中国作为大国的责任担当，也是推动构建人类命运共同体的伟大壮举。

二、我国面临的主要挑战

刚才提到，我国2030年要实现碳排放达峰。很多人认为，目前我国的二氧化碳年排放量大约是100亿到110亿吨，到2030年达到峰值时，可能会达到120亿吨左右，虽然不同学术观点有所不同，但大致范围是这样。而在短短30年内要实现零排放，这将是我们面临的巨大挑战。

第一个挑战是经济高速增长与高质量经济转型要齐头并进。我们整个社会仍然需要发展。从世界各国人均GDP和能源使用量的关系来看，刚开始，人均GDP较低时，经济发展与排放呈现线性增长的关系；但当GDP达到一定水平后，能源使用量会趋于稳定。我国目前的人均GDP大约是1.2万美元，当达到2万到3万美元时，能源需求或使用量可能会增加。这就要求我们在发展与碳中和之间找到一个平衡点，这是一个非常大的挑战。

　　第二个挑战是能源结构的问题。目前我国的能源结构不利于碳中和，因为主要以煤炭为主。2023 年的能源结构数据显示，化石能源占比大约为 82%。但我们也注意到，2018 年时，化石能源占 88%，5 年时间就下降了 6%，这个下降的比例是非常快的。目前煤炭的比例是 54%，而 2018 年是 62%，新能源替代的速度确实很快。但即便如此，我国的能源结构仍然以煤炭为主。相比之下，美国的煤炭占比只有 9%，欧盟是 10%，因此，他们在化石能源替代方面的压力要远小于我们。

　　第三个挑战是碳达峰到碳中和的时间。早期的欧盟国家早在 1979 年就已实现达峰，计划在 2050 年实现碳中和，他们有 71 年的时间去完成。从 1980 年至今，他们用了 40 多年，但碳排放量下降并不多。而且，1979 年欧盟的碳排放强度仅为我们达峰强度的三分之一。想想看，他们碳排放强度那么低，都需要如此漫长的时间才能实现碳中和。而我国不仅强度高，时间还短，要完成这样的任务，难度是非常大的。美国是在 2007 年达峰，他们有 43 年的时间去实现碳中和，而我们的碳排放强度更高，任务更加艰巨。我们经常说，要实现碳中和，必须通过科学、管理和技术三方面的突破，这也是唯一的途径。我刚才提到了气候变暖的一些问题，这里我想强调的是，还有一些基础理论的问题没有解决，有些是保障气候安全必须考虑的，有些是碳中和路径设计要考虑的，还有的问题跟国际谈判、国际规则的依托有明确关系。

　　IPCC 通过模型计算后，得出了一个平均值，认为二氧化碳

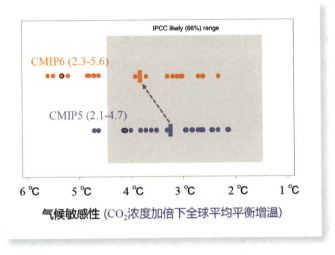

图 8-7 不同模式气候敏感性比较

浓度上升是人为排放导致的，这也是气候变暖的主要原因。

从图 8-7 来看，假定大气里二氧化碳浓度上升一倍，让不同模型推断全球温度会上升多少摄氏度，模型之间的结果差别是非常非常大的。CMIP5 是 2013 年发布的模型结果，CMIP6 是 2021 年发布的模型结果；可以看到，反而最近模型之间的差距更大一些。这对于决策者是非常头痛的。因为有些模型认为二氧化碳浓度上升 2 倍以后，温度最高能上升 5.5℃ 左右，有些模型则认为温度只上升 2℃。所以你用哪个模型来做才算合理？地球是非常复杂的，学界现在还无法准确估算二氧化碳浓度上升以后温室效应到底有多少，目前的不确定性是非常大的。这个问题如果没有回答，我们未来的排放空间也是算不出来的。如果模型误差很大，计算出来的 2060 年温度的差别非常大，有些模型认为 2060 年高排放情景下温度上升 12℃，而同样的情景下有些模型的结果是 3℃，让我们相信哪个？这是整个地球科学界面临的挑战。

我们强调的 2℃ 阈值是欧洲人先提出来的，也就是说地球的温度不能再上升 2℃。为什么呢？因为超过了以后，生态系统的风险程度是很大的。

我们根据全球的 IPCC 提供的模型分析结果，分析了全球植

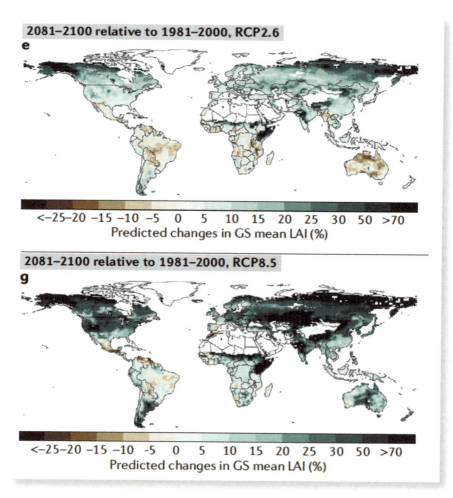

图 8-8　不同排放情景下未来植被生长变化

被生长的变化状况（见图 8-8，绿色越深表明生长越好，2.6℃是低排放情景、8.5℃是高排放情景），你会发现二氧化碳排得越多，全球植被是长得越好的。1990 年欧洲提出来的这个 2℃，到底有什么科学依据？这也是很多人怀疑的。在座的同学们，这些都是你们今后从事相关领域研究会遇到的很有意思的科学问题。那么我们到底要控制 2℃还是 1.5℃，到目前为止还能向大气里排放多少？政策制定需要准确计算，但目前的科学研究还有很多的不确定性。2013 年 IPCC 第五次评估报告认为，如果要控制 1.5℃，未来只能排放 400 亿吨二氧化碳，2021 年则变成了 4000 亿吨，一下子高了 10 倍，允许我们排得更多，对我们来说时间还是足够的。

实现碳中和还面临着一些技术难点。首先是要用新能源替代目前大量的化石燃料，这是发电端的问题。还有消费端的问题，传统的建筑行业等大量依赖化石能源，这些都要改变。此外，碳捕获、利用与封存（CCUS）也是减缓温室效应的重要方式，前几天我与一位老师交流我国新能源技术快速发展的原因，他就提到美国、德国等发达国家的思路不是在排放端用新能源替代化石能源，而是希望用 CCUS 等新技术捕获并处理化石能源排放出的碳，他们的战略和我国有可能是不一样的，这是非常有意思的问题；CCUS 现在也有很大难度，因为目前从空气里分离二氧化碳成本还是非常高，另外把它们埋藏到地质里面，很多灾害的风险也是难以评估的。这是技术方面的问题。

政策和管理目前也还是有很大难度的。我国要在 2030 年实现碳达峰、2060 年实现碳中和，有很多路径可供选择，我们要选择一个最佳的路径，花最小的成本实现既定的成效和效益。要找到这样一个平衡点，就需要设计一个模型，把气候模式和社会经济发展的模型耦合，行业里叫作综合的评估模型。国际上 2050 年实现碳中和的结果，都是使用这些评估模型计算出来的；但是这些模型目前基本上都是西方发达国家建立的，我国自主设计的独立模型还没有，所以我们在做路径选择的时候，有很大的困难。

另外要强调的是，我们其实是要在国家尺度上实现中和，但是不同地区、不同行业的特色是不一样的，如何协同也是很重要的问题，每个省份或者地区在碳中和里面的任务是什么，目前还没有确定。

举一个例子，我们所在的北京等地区，人为排放明显大于生态系统固定的碳。我们需要设计一些模型来进行任务分解，通过不同地区的协调而不是竞争，实现国家尺度上碳的中和。另外，生产端和消费端的问题，像内蒙古，确实排了很多的碳，但这些碳更多是由北京和东部城市等其他地区来用，这种情况下怎么去补偿？建立政策的时候，不能认为内蒙古排的碳都是自己用的。制定碳排放或者环境污染标准的时候，不能全国"一刀切"，每个地区都一样，需要考虑不同地区的实际情况。

应对全球气候变化过程中，不同国家和地区之间怎么博弈？目前气候谈判里面还没有很好的机制。全球各个国家和地区，目标不同、发展的层次不同，怎么协调？实现碳中和的时候，大家的贡献能不能一致？还有法律上的问题，面向碳中和愿景的法律法规创新体系怎么建立，像丹麦这样的欧洲国家都有气候法，我国怎么建立？这是我们需要考虑的，因为很多政策都是要重构的，需要有相应的法律体系去保障。

图 8-9 北京大学碳中和研究院 363 框架

在这个背景下，全国很多高校都成立了碳中和研究院。北京大学碳中和研究院立足于北大特色、优势和未来的重点发展方向，在科学基础、工程技术、政策管理三个层面进行了重点布局，由 8 位院士领衔，搭建了一个全校性的研究平台，因为北大最大的优势是气候变化以及生态系统碳循环这些方面的研究，还有一个很大的优势是政策方面，包括低碳经济、国际气候治理、气候立法等。

我始终认为，碳中和同传统的物理、化学等自然科学不一样，服务国家需求的作用更加直接。这种国家需求为导向的学科到底怎么建，博士生、硕士生到底怎么培养，我们也进行了一些思考。不同于传统学科把研究生名额分配给每位老师、由老师自己定研究方向的做法，我们在培养博士的时候，先面向国家需求选定一些论文题目，然后在全校范围内遴选能够指导相关题目的老师，三四位老师组成指导组，最后再选择学生进行指导。我们认为，这种做法能够更好地围绕国家需求开展有组织的研究，培养国家需要的拔尖创新人才。

三、"双碳"与生态系统固碳

刚才提到，我国 2030 年要达到人为排放大概 120 亿吨的二氧化碳，2060 年时要实现净零。这需要三个途径。一是要大幅度减排，用清洁的能源，如太阳能、风能，替代传统的化石能源。二是碳捕获、利用与封存（CCUS），像美国是往这个方向考虑。三是通过陆地、海洋生态系统的固碳来吸收。今天我主要介绍一下和我专业有关系的陆地生态系统碳汇。

我简单介绍一下全球碳循环。工业革命以前，全球的碳循环是什么样的？植物通过光合作用吸收大气里的二氧化碳，它要维持自己的生长，所以一部分碳是用自养呼吸的方式排在大气里面。一个成熟林里面，光合作用和呼吸排放的量是平衡的，所以它的储量是稳定的，就像一个成年人体重相对稳定一样。生态系统里还有一部分碳是土壤里面的有机质被微生物耗掉，向大气排放，这叫生态系统异养呼吸。海洋也是这样的过程。另外，自然界里面还有森林火灾，也是纯自然过程，火烧了以后，把大量的碳排放到大气里面。工业革命以前，植物吸收和生态系统排放的碳相对平衡一些，所以历史上大气里的二氧化碳浓度，只是围绕着稳定状态有所波动。

工业革命后，人类把地下埋藏的石油、煤这些碳通过化石燃料燃烧，向大气排放。工业革命以前，这些碳并没有参与到碳循环的过程，也就是陆地和大气之间的交换。另外，在热带雨林，如亚马逊、印度尼西亚这些地区，农田面积比较少，所以大量砍树、把森林变成农田，这部分过程也把大量的碳释放到大气。总的来说，目前人为活动导致的碳排放有两种，一种是化石燃料燃烧，一种是土地作用变化。巴西在碳排放方面有比较大的压力，主要原因是他们通过森林砍伐的方式排放的碳相对多一些。

大家会问，生态系统的固碳能力到底有多大，碳中和里面能起多大作用？1958年以前没有大气二氧化碳浓度直接观测数据。1958年，二氧化碳循环研究的鼻祖查尔斯·大卫·基林在美国夏威夷建了一个二氧化碳浓度观测站，这个观测站让我们直接观测到了过去几十年二氧化碳浓度快速上升的趋势。我想强调的是，他为什么把全球第一个二氧化碳观测站放在美国夏威夷，而不是在纽约、加州这些地方？因为他当时利用模型算完以后，在夏威夷建站，基本能反映全球大气二氧化碳浓度平均状况。我待会儿会讲到，目前我国观测站布局的时候，很少科学分析哪些地方布局建立观测站比较合理，经常是哪个地方有钱就建立，这不是一个很好的现象。大家还要注意，1958 年基林先生只有 30 岁的时候，就做了这么伟大的事情，所以在座的高中生、大学生要以此为榜样，努力做一些创新性的工作。

1958 年以来大气二氧化碳浓度显著上升，2024 年 6 月大气二氧化碳浓度已经为 426.9ppm。但需要指出的是，1958 年开始，人类向大气里排放的二氧化碳明显高于大气里二氧化碳实际增加的量，如果考虑排放的量，现在大气里面二氧化碳浓度不应该是 426ppm，而应该是大约 520ppm。也就是说，1958 年以来，人类向大气排放的一半碳就消失了。这个现象是 20 世纪 80 年代观测到的，叫失汇现象。现在我们都知道这些碳去了哪里。人类排放的碳要么去陆地，要么去海洋，到底是怎么样的？

全球碳计划每年 11 月份对过去 1 年和 10 年的碳收支进行评估。

图 8-10 是 2011 年至 2020 年全球碳排放情况，我们可以看到，这期间通过化石燃料每年排了 350 亿吨二氧化碳，而森林砍伐大概每年排了 40 亿吨的二氧化碳。这期间大气里面直接增加的量只有人类排放的 48%，也就是说没有陆地和海洋吸收的话，我们的大气二氧化碳浓度上升速度以及气候变暖速度明显比现在还快。全球碳计划认为，这期间陆地和海洋分别吸收了 26%。大家注意到没有，我在陆地里标明了"剩余碳汇"，因为陆地空间异质性太大，我们还没法准确地把全球陆地到底吸收多少碳算出来。相比于陆地，海洋空间异质性相对小一些。因此，全球碳计划先把海洋吸收的碳算完以后，认为剩下的部分应该是

图 8-10　全球碳收支（2011—2020 年）

由陆地所吸收。这样的计算会出现两个问题。第一个问题是如果把人为排放高估的话，陆地碳汇也会被高估；如果海洋碳汇被高估，陆地碳汇就会被低估。总的来说，陆地碳汇估算的准确度受其他四个组份影响。还有一个问题是，全球尺度上我们可以这样简单地加减法运算，但是如果要计算一个区域陆地碳汇的时候，我们没法利用这种方法来估算，因为美国排的二氧化碳通过环流到中国地区，也就是中国地区大气二氧化碳浓度增加不仅仅跟我们的排放有关。

　　因此，全球碳循环研究有两个关键问题，一个是 26％ 的陆地碳汇分布在哪儿，分布在中国还是在美国，这是第一个关键科学问题。还有一个问题是这 26％ 陆地碳汇未来会怎么发生变化？如果未来陆地碳汇占比 100％ 的话，我们靠陆地碳汇就很容易实现碳中和。这两个核心的关键问题，也是我们课题组一直关注的研究方向。

首先，我简单介绍一下陆地碳汇分布在哪儿，尤其是中国陆地碳汇到底有多大。为什么做区域碳收支研究呢？因为它可以将区域碳排放吸收与全球大气中二氧化碳浓度联系起来，帮助制定碳补偿／减缓的政策。《京都议定书》里明确提到通过人为造林的方式吸收碳，我们可以相应通过化石燃料排放碳。因此，各个国家和地区都十分重视计算各自的陆地固定多少碳。我们看到，欧洲建立了 Carbo Europe 计划，核心目的就是算欧洲陆地碳汇。美国也建立了 North American Carbon Program，全球也有全球碳计划，他们的目的就是要计算各个地区碳收支的问题。我国在过去几十年，在科技部、基金委的支持下做了大量研究，也取得了很好的成就。

简单介绍一下科学家怎么计算陆地碳源汇。传统的方法就是测树高数据，并跟过去的观测数据比较一下，如果发现这个数高了，表明生态系统的碳储量增多了，也就是碳汇。这类方法最大的问题是，我们传统的生态学研究都选择植被生长好的地方调查；但是我想说的是，植被长得越好，碳汇功能可能越少。刚才提到如果是碳汇的话，生态系统碳的储量要增加，但是一个成熟的生态系统，树木的碳储量像成年人的身高一样是相对稳定的，不容易增加，说明碳汇效应并不是明显的；只有小树的碳储量像中学生的身高一样每年不断增长，把大气里的碳固定，这时固碳作用是显著的。我经常看到有些人说东北森林长得特别好、海南长得特别好，这些地方碳汇能力很强，其实并不准确，林子长得越好有可能碳汇能力越差。

传统地面调查有很大不确定性，所以 IPCC 提出用大气反演方法验证。大气反演是利用大气里面不同的二氧化碳浓度观测数据，通过数学的方法来估算各个地区生态系统吸收二氧化碳强度到底有多少。因为每个地方生态系统特征不一样，不同地区观测到的大气二氧化碳浓度季节和年的变化都不一样。这类方法最大的问题是目前大气二氧化碳浓度观测站相对较少，尤其是发展中国家。为了弥补地面观测站的不足，科学家开始利用卫星遥感数据监测大气二氧化碳浓度时空变化。美国说要进行碳核查，也要对中国的碳进行核查，不是拿地面数据、主要是利用卫星数据，通过反演的方法估算我国到底排了多少、吸收了多少碳。但目前的遥感还是有很大不确定性，我们青藏科考的时候用直升机测了拉萨到珠峰大本营的二氧化碳浓度，正好卫星过境，我们跟卫星数据做了一些比较，发现目前卫星反演的二氧化碳浓度误差还是非常大的，根本无法准确描述这些地区大气二氧化碳空间格局。通过直升机，我们发现像拉萨地区，城市二氧化碳浓度相对高，因为有人为排放；但到珠峰大本营以后二氧化碳浓度只有 420ppm。

图 8-11 给出的是，利用不同的方法，不同科学家估算的中国生态系统每年固定的碳，也就是中国陆地碳汇大小。我们可以看到大部分研究认为中国陆地碳汇小于 0.4Pg，在 0.3Pg 左右，0.3Pg 的碳大概是 10 亿吨的二氧化碳。也就是说大部分研究认为，

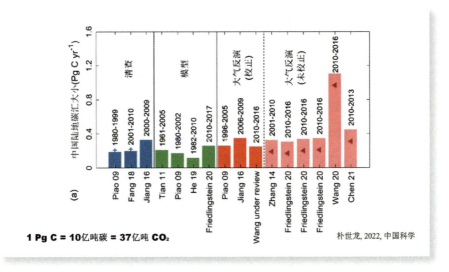

图 8-11　中国陆地生态系统碳汇大小

目前我国生态系统碳汇大概是 10 亿吨二氧化碳。但其中的一个研究例外，这篇文章用大气二氧化碳浓度观测数据反演了中国碳汇，认为中国占全球 7% 的土地，贡献了全球一半的碳汇。我前面提到，大气二氧化碳浓度观测站布局非常重要，我国目前还没有科学地布局野外观测站。我国有一个站在香格里拉，而这篇论文刚好用了这个站的大气二氧化碳观测数据，大家知道香格里拉地形非常复杂，如果站点位置没选好，代表不了这个区域二氧化碳浓度，那么大气反演模型估算的陆地碳汇误差将非常大。举个例子，我们要算北京地区陆地碳汇的时候，在香山建一个二氧化碳浓度观测站，和在三环内建观测站，估算的结果肯定是不一样的，所以一定要找到一个具有区域代表性的观测站，这是非常重要的。

那么我国的大气二氧化碳观测站怎么布局？我们在科考的指导下进行了研究，发现如果在中国合理布局 50 个站点，对于我国陆地碳收支的估算误差就会非常小，没必要建立太多的站。前面提到的中国陆地贡献了全球陆地一半碳汇的论文，是中国科学家用中国的观测数据通过英国模型来算的；针对这篇文章，美国人在《自然》上又发表了一篇文章，用自己开发的模型计算中国的陆地碳汇，发现相比于英国模型，他们的模型估算中国碳汇的结果一下子少了一半。这说明什么呢？我们一定要开发自己的自主产权模型，目前国内的很多研究基本是利用西方开放的模型估算，这等于话语权在人家手上。因此，我们也建立了完全自主产权的"贡嘎"（GONGGA）大气反演模型，这个模型已经参与了三次全球碳计划发布的全球碳收支评估。全球碳计划一般利用不同国家提供的模型，但利用模型之前先对这些模型进行评估，过去三年 GONGGA 模型的精度都排在全球第一位或者第二位。另外，我们的模型不仅可以对全球进行评估，还细化了中国全国和青藏高原区域的模型；我们还可以做甲烷的反演，现在甲烷也是减排领域的焦点。

大家可能会感兴趣，整个中国陆地碳汇到底能抵消我们多少的人为排放？不同时间段，这个数值会发生变化。如果是 20世纪 80 年代和 90 年代，抵消的量大概是 30%。但是现在来看，大概陆地碳汇能抵消工业排放的 7% 到 15%，平均 10% 左右。国内多所学校的老师在相关领域作出了各具特点的研究，最近北大碳中和研究院组织了全国 15 个科研院所的 30 多位学者，一起对中国 80 个排放源 1980 年以来的二氧化碳、甲烷、一氧化二氮收支进行评估，就像全球碳计划一样，希望每年发布一期我们的结果。

刚才讲的是当前中国碳汇大小的问题，下面介绍一下未来中国生态系统碳汇到底会发生怎样的变化，中国陆地碳汇在碳中和里面能扮演什么样的角色？要回答这个问题，我们首先要知道什么是碳汇。刚才提到碳汇就是植物光合作用与呼吸作用的差，不是独立的光合作用，不是树越多、长得越好，碳汇能力就一定越强，树长得好说明光合作用强，但固碳储量不一定会增加。就像一个水库，进来的水很多，但不一定水的储量会增加，流出多的话就不会增加；有些水库是进来的少，但是出去的更少，它的整个储量会增加。

按道理来说，"老龄林""成熟林"的碳汇是基本不应该出现的，但是目前的观测数据都表明，成熟林都起了碳汇作用。到底是什么原因呢？主要原因是我们的环境不断发生变化，如果稳定的环境条件下成熟林的碳汇是稳定的，但是温度、降水等环境条件发生变化了，二氧化碳浓度变化了，本来平衡的系统又开始发生变化。大气二氧化碳浓度的增加导致了全球植被光合作用的增加，包括成熟林的光合作用。实验结合模型的研究结果表明，如果全球大气里的二氧化碳浓度增加 100ppm，全球植被的生产率大概增加 13%。过去 50 年我们大气里的二氧化碳浓度增加已经超过 100ppm，导致整个植被生产力的提升是非常显著的。光合作用的增加导致碳汇功能增加，这和人吃饭多了以后体重开始增加，是一样的道理。

温度的上升也会对碳循环产生显著的影响，在寒冷的地方，气候变暖以后整个生态系统固碳能力加强，因为像我国青藏高原这样寒冷的地方，环境温度还没有达到植被生长最适合的温度，气候变暖以后，这些地方的生产力会显著提高。在热带地区，由于目前环境温度已经超过植被生长最适合的温度，所以这些地方温度再上升以后，植被的生产力会下降，这会导致大量的碳丢失。另外，温度上升以后，土壤里有机质的分解会加快，把大量的碳排放到大气里面，这也是一个影响碳循环的主要问题。还有一个是大气的氮沉降。从土壤里限制植物生长的养分来看，寒冷地区土壤里主要是缺氮，因此施氮肥，这些地方的植被生产率会显著增加；而在热带、亚热带是缺磷的，这些地方施磷肥以后生产力会提高。过去几十年农田里大量施氮肥，有些会挥发，并同降水一起湿沉降，导致整个温带森林生产率会提高，碳汇功能显著增加。

来看一下气溶胶的影响。我们都知道雾霾对人体健康是不利的，但是对植被来说怎么样？植物所刘老师在北京植物园做了长期监测，他发现雾霾天与晴天相比，植物的生产力反而显著提高。为什么呢？雾霾天整个光合作用的散射辐射会增加，有利于植被的生长。我们知道热带雨林中，林下都是很暗的、缺光的，但是散射辐射的增加可以导致到达林下的光增加，所以促进整个植被的光合作用。前面提到，1958年以来，全球大气二氧化碳浓度每年都是增加的，但1992年大气里的二氧化碳浓度基本没有增加。这一年人类向大气排的碳肯定比五六十年代多得多，为什么大气里二氧化碳浓度没有增加？后来科学家们发现，这跟1991年6月份印度尼西亚的皮纳图博火山爆发有关系，火山爆发以后大量气溶胶到平流层以后，热带地区散射辐射增加，整个热带地区植被生产力显著增加。还有一个原因是气溶胶多了以后温度下降，有利于热带地区植被的生长。前面提到，热带地区目前的温度已经超过植被生长最适合的温度，所以温度降下来，反而有利于光合作用。这也说明生态系统碳汇在减缓大气二氧化碳浓度上升中确实起到了非常重要的作用。

刚才提到中国碳汇大概是10亿吨二氧化碳。从自然因子来看，气候变化和大气二氧化碳浓度上升，到底谁的贡献大？我们的研究结果表明，自然因子中最大的贡献者是大气里二氧化碳浓度的上升，气候变化本身对国家尺度上的碳汇能力没有多大影响，有些地方有利，有些地方不利，所以抵消了。但是二氧化碳浓度上升对于各个地方都是有利的，它导致了我国陆地碳汇增加。

二氧化碳浓度是目前自然因子里最重要的因子。需要指出的是，如果2060年全球实现碳中和，也就是大气里二氧化碳浓度不再增加、气候系统稳定之后，导致目前碳汇的驱动力就慢慢消失了，生态系统又将进入另外一个平衡状态，光合作用和呼吸作用又将达到新的平衡。所以从我们的模拟中可以看到，到2060年为止，二氧化碳浓度上升，碳汇很显著，但中和了以后，我们的碳汇能力下降。也就是说碳中和的情景下，我们自然生态系统的碳汇呈稳定的下降趋势。这一点大家需要关注。大部分碳中和研究只关注到 2060 年，而对 2060 年后的变化很少关注。我们在考察生态系统固碳的贡献时，还要考虑碳汇能力是否可持续，这是生态系统面临的很大挑战。

除了大气二氧化碳浓度上升以外，我们陆地碳汇的很多功能还跟过去几十年大量植树造林有密切关系。我国是植树造林面积最大的国家，世界上人工林的 1/4 在我国。我们参与了《自然》子刊上的一篇文章，全球各个国家中，中国绿度的增加是世界上最快的，第二个是印度。我们发现中国绿度显著增加主要是由植树造林导致，而印度变绿快的主要原因是农业产量增加。

目前，我国林龄大部分都是幼龄、中龄，这些树大部分还在长，还在固碳。随着林龄的增加，树木逐渐成熟，固碳能力

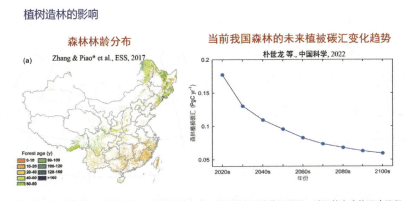

图 8-12　未来陆地生态系统碳汇潜在变化

也会逐渐降低。从图 8-12 可以看到，2020 年这些中国林子起的碳汇作用很大，但是随着林龄增加，到 2060 年大概下降 1/4，到 2100 年下降是更可怕的。我们要用目前的生态系统固碳来实现碳中和，面临着非常大的挑战。

在《巴黎协定》中，我国提出到 2030 年森林蓄积量比 2005 年增加 45 亿立方米，2020 年提出要增加 60 亿立方米左右，很多人会问我国有没有这么多地方造林，因为现在农田不能动、很多地方已经是林子了，还有没有额外的地方植树造林？我们的研究发现，未来植树造林的潜在地区要么是西南地区，包括喀斯特地区，要么是干旱半干旱地区。需要指出的是，这些地方的自然条件对树木的生长来说是非常一般的，如干旱半干旱地区缺水，所以树木不可能长得那么好，而在西南喀斯特地区土壤养分是非常贫瘠的。当然我们通过合理规划，完全可以实现蓄积量增加 60 亿立方米的目标。

除了考虑在哪些地方植树造林以外，种什么样的树种也是需要考虑的。选择合适的树种，我国陆地碳汇能力到 2060 年的时候会非常高，反之碳汇能力则会很弱。也就是说，2060 年我国的陆地碳汇能力到底有多少，其实也取决于我们种什么树种，这跟情景有很大关系。

除了在哪里种、种什么以外，什么时候种也是非常重要的。刚才提到幼龄和中龄树木有非常大的固碳作用，林子都长好以后碳汇能力是很弱的。我们做了一个情景分析，如果我们都在 2030 年前后，把树木种在潜在的造林地区，我们会看到 2060 年碳汇能达到8亿吨二氧化碳，但是到2100年的时候较低；如果在2050年左右种，我们的碳汇在2060年到2100年时将会非常高。

总的来说，为了充分发挥碳中和战略目标中生态系统碳汇的作用，我们要科学规划到底在哪里造林、种什么树、什么时候造林。这需要构建可持续生态系统碳汇管理系统。陆地碳汇本身非常复杂，所以要建立天空地一体化的监测系统，不仅要利用卫星遥感数据，还要利用长期的地面观测数据。

第九讲　用激光聚变点亮未来

主讲人：张　杰

　　张杰，第十三届全国政协常委，第十四届全国政协常委、教科卫体委员会副主任，中国科学院原副院长，上海交通大学原校长，中国科学院院士。

　　张杰常委在激光聚变物理与高能量密度物理前沿研究领域作出重要贡献，现任上海市科协主席、中国物理学会理事长、上海交通大学李政道研究所所长。曾获何梁何利基金科学与技术进步奖（2006）、发展中国家科学院物理奖（2008）、爱德华·泰勒奖（激光聚变和高能量密度物理领域国际最高奖项，2015）、香港求是科技基金会杰出科技成就集体奖（2018）、未来科学大奖"物质科学奖"（2021）、第四届杰出教学奖（2023）等荣誉奖项。

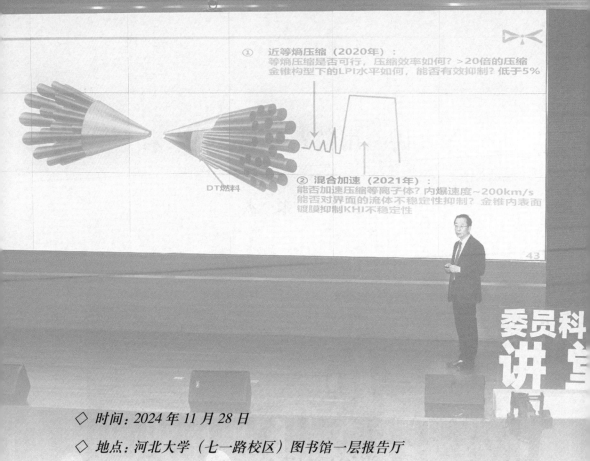

◇ 时间：2024 年 11 月 28 日

◇ 地点：河北大学（七一路校区）图书馆一层报告厅

📓 主讲人寄语

　　实现激光核聚变反应，本质上是要在地球上再造微小尺度的太阳。这是对人类智慧和综合能力的一项极限挑战，同时也是未来人类社会可持续发展的美好梦想。

　　我们幸运地生活在一个可以梦想并能够实现梦想的时代，国家对于科技创新的支持，特别是对于核聚变能发展的支持，为我们创造了实现梦想的机遇。我们要对得起这个时代，对得起国家的信任与支持。希望有更多青年同学可以投身于这项极限挑战，与我们一起实现人类的美好梦想。

非常高兴有机会回到河北大学来做今天的科普报告，之所以说"回到"河北大学，是因为我的祖籍是河北邢台，因此河北对我来说有一种特殊的亲切感。

今天我报告的主题是激光聚变。谈起激光聚变，大家可能会感到有一点儿陌生。我们所处的时代现在快速发展，每天都会出现大量新的科技名词。核聚变是近几年来出现频率比较高的名词之一，也是可能会对人类未来发展进程产生重要影响的科技之一。

今天我主要从三个方面向大家介绍激光聚变：首先介绍为什么核聚变能被称作人类社会未来可持续发展的终极能源，接着讲一下人类对于激光聚变的研究历程，最后介绍激光聚变可能给我们国家未来发展带来的重要机遇和挑战。

一、人类社会的终极能源

核聚变反应就是把两个较轻的原子核融合到一起，并释放出巨大能量的过程。我们地球上最轻的元素是氢，氢的两个同位素氘和氚，分别由一个中子和一个质子，以及一个质子和两个中子组成。当这两个同位素在高温高压的极端条件下融合以后，会在极短的瞬间形成由五个基本粒子组成的集合体，接着这个集合体衰变后，释放出由两个质子和两个中子组成的氦原子核和一个高能中子，并释放出巨大的能量。

与化石能源做个比较：单位质量的聚变燃料在反应中输出的能量，比单位质量化石能源的能量密度高出数百万倍至千万倍。这是聚变燃料的第一个特点。第二个特点，聚变燃料的来源几乎无限。1升海水中含有30毫克氘，这30毫克氘燃烧释放的能量相当于30升汽油燃烧释放的能量。第三个特点，与核裂变反应相比，核聚变反应不产生长期放射性废物。第四个特点，核聚变反应不是链式反应，其运行是绝对安全的。第五个特点，核聚变反应不产生任何碳排放，是完全绿色的。正是这些理想特性，使核聚变能源被认为是人类社会可持续发展的终极能源。

目前我们人类社会发展主要依赖化石能源，因此造成了全球变暖等威胁人类社会未来生存的问题。为了实现可持续发展，从现在开始到2050年，我们需要逐渐用未来的基荷能源——核聚变能，替代目前的基荷能源——化石燃料。虽然水电、风能、太阳能等可再生能源很好，但它们在电网中的组成份额是有上限的。电网的稳定运行需要有50%左右的能源组成是不受天气、光照等因素影响的基荷能源。占全世界能源市场50%的能源，当然是一个巨大的市场。

宇宙中实现核聚变反应主要有三种方式。一种是在太阳这样的恒星环境中自然发生。因为恒星本身有很大的质量与引力，

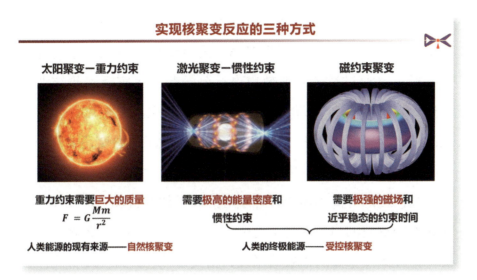

实现核聚变反应的三种方式

太阳聚变—重力约束　　激光聚变—惯性约束　　磁约束聚变

重力约束需要巨大的质量

$$F = G\frac{Mm}{r^2}$$

需要极高的能量密度和惯性约束

需要极强的磁场和近乎稳态的约束时间

人类能源的现有来源——自然核聚变　　人类的终极能源——受控核聚变

图 9-1　实现核聚变反应的三种方式

所以在那样的环境下发生核聚变反应是天然的过程，很容易。

在地球上实现核聚变反应有两条路径：一是惯性约束核聚变。我们人类其实在 80 多年前就实现了惯性约束核聚变，不过是不可控的，那就是氢弹。而我今天主要介绍的激光聚变过程本身，就相当于一个微型氢弹爆炸，因此也像氢弹爆炸那样需要在极高的温度和密度下才能引爆。当然我们要作为能源使用的话，惯性约束聚变必须是高度可控的。另外一条路径是磁约束核聚变。磁约束核聚变反应的温度与惯性约束聚变反应所需要的温度是一样的，但是由于磁约束聚变的密度比惯性约束聚变的密度大约低 11—12 个数量级，因此需要比惯性约束聚变长得多的约束时间。

实现激光聚变反应的主要困难是什么呢？就像我刚才说的，

激光聚变反应本质上就是一个微型氢弹爆炸，它的第一个特点是氘、氚核的动能都需要足够高，只有这样，氘和氚才能有一定的概率，通过量子隧道效应融合到一起。大家上过热统课就知道，各方向无规运动的动能，其统计效应就是温度。为了保证激光聚变反应的概率，激光聚变需要比太阳的温度还要高。它的第二个特点是极高的密度，使聚变反应产生的阿尔法粒子可以留在高密度的等离子体中，继续对等离子体进行加热，以便实现激光聚变反应的自持燃烧。这个密度相当于太阳中心的密度。因此，实现激光聚变所需要的温度、密度条件在地球上是非常难以实现的。

把密度和温度乘在一起，再乘上约束时间就可以得到劳森判据。劳森判据是无论磁约束聚变还是惯性约束聚变实现输出能量大于输入能量的净能量增益都需要满足的条件。劳森判据要求这三个参数的乘积大于 30 大气压·秒。对于激光聚变反应来说，前两项的乘积特别重要。激光聚变反应对应的能量密度大约是 3500 亿大气压。因为能量密度和压强是同样的量纲，所以我们通常使用大气压作为单位来表征能量密度。如果在一个极小的空间范围内可以产生 3500 亿大气压的能量密度极限条件的话，那么需要大约 0.1 纳秒（纳秒为 10 的负 9 次方秒）的惯性约束时间，也就是在氘氚燃料受到极高压强的惯性约束时间内，就可以达到劳森判据的要求，这也是惯性约束名称的由来。

由于实现激光聚变需要首先产生极高的温度与压强（能量密度）等极限条件，这使得激光聚变过程成为一个极其复杂的物理过程。人类从提出激光聚变的实验方案，到最终实现核聚变能输出能量大于激光输入能量的"点火"里程碑，在这条"点火"之路上整整走了50年。

刚才讲到的3500亿大气压的高能量密度物质状态，是什么样的极端物理条件呢？宇宙中除了地球等几个少数天体外，超过95%的物质都是以高能量密度的状态存在。如果我们把宇宙里边各种物态画到一张由密度和温度构成的"物态相图"（图9-2）中的话，那我们地球上主要的固、液、气三种物态都在这张相图的左下角位置。相图上表征相同能量密度的是从左下角到右上角的几条圆弧状虚线。其中区分普通物态与高能量密度物质状态的分界线，是表示100万大气压能量密度的圆弧线，这条分界线的右上方空间都是高能量密度的物态。

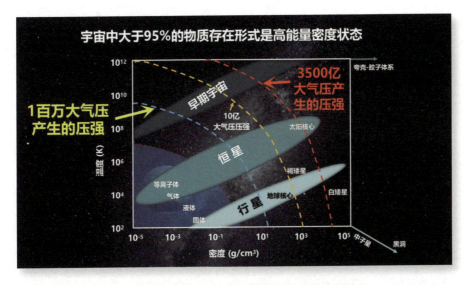

图9-2 宇宙物态相图

100万大气压的能量密度有多大呢？

首先我来介绍一下什么叫高能量密度状态。顾名思义，能量密度等于能量除以体积。分子上的能量可以写为力乘以位移，分母的体积是面积乘以高度，把分子与分母中的长度量纲约去，就剩下力除以面积，也就是压强，所以能量密度和压强是同样的量纲。

接下来我们再看一下相图（图9-2），高能量密度物态与普通的物质状态的交界就在100万大气压。100万大气压的压强下会发生什么呢？任何物质在100万大气压下，物质的原子链都会断裂，物质表现出的形态都将是由电子和离子集合组成的等离子体物态。

更直观地说，100万大气压的压强相当于两艘052A型轻型护卫舰压在两平方厘米面积的拇指上的压强。如此巨大的压强，足以在地球上打出一个深达2500公里的洞，这相当于地球半径的40%。不过，尽管100万大气压的压强已经非常大了，但与我刚才提到的激光聚变反应所需要的3500亿大气压相比，仍差十万倍！那么，3500亿大气压有多大呢？按照同样的比喻，要在一个拇指大小的区域产生如此大的压强，需要将一万艘辽宁舰叠加其上。

如此大的压强，比地球中心的压强高很多倍，因为它已经达到太阳中心的压强水平了，所以实现激光聚变反应的难度，就像要在地球上的实验室里产生太阳中心级别的压强一样困难。

在地球上怎样才能产生3500亿大气压的能量密度状态呢？我们还是用通常能看到的几个东西来比喻。太阳是一个输出能量极其巨大的辐射源，如果我们能把地球接收到的太阳总辐射全部收集起来，并聚焦到一个 100 微米的尺度上，所产生的光压就相当于 3500 亿大气压的压强，也就是相应的能量密度。

我们在实验室里当然不可能把所有照射到地球上的太阳辐射都收集到一起。那么，激光聚变所需的极端压强该如何产生呢？目前人类能产生的最大推力来自火箭，而用激光烧蚀推进火箭，其推力比传统化学燃料推进剂还要大 300 倍左右。但是这样的压强距离激光聚变所需的压强仍然相差 1000 倍。因此，我们不得不利用球形汇聚所产生的压强增强效应。如果我们使用激光对聚变燃料进行球对称烧蚀，通过球形汇聚，就能在烧蚀中心产生高达 3500 亿大气压的能量密度。

要想对氘氚燃料球实现最大程度的球对称内爆并产生足够高的压强，自然需要使用能量尽可能大的激光装置。20 世纪末，美国举全国之力，汇聚了几乎全世界的优秀科学家，历时十年，斥资 35 亿美元，建设了一个超级激光装置——国家点火装置（NIF）。

这个激光装置非常复杂，它由 192 路激光光束构成，总能量达到 200 万焦耳，堪称人类历史上规模最大的光学工程，在很多方面挑战了人类光学工程的极限。NIF 激光装置占地有两个足球场的大小，这 192 路激光光束向心汇聚，聚焦到结构复杂的金黑腔里，激光光束在黑腔壁上转化为 X 射线，这些 X 射线对黑腔中的毫米量级的氘氚靶丸进行球形内爆压缩。

尽管美国建成了堪称人类最高激光工程技术水平的 NIF 装置，并掌握了高能量密度物理的先进技术，但在过去的 50 年里，美国的激光聚变研究仍然在一波三折中艰难前进。自 1972 年正

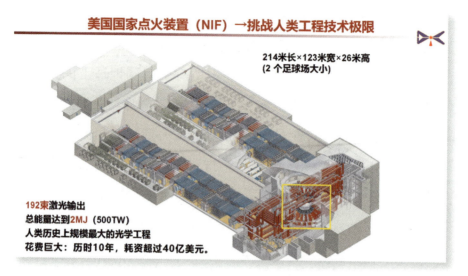

图 9-3　美国国家点火装置（NIF）

式提出激光聚变中心点火方案以来，这项研究先是在国会立项失败，后来艰难立项并于 1995 年开建，又因超预算、超工期和撤换工程负责人等困难，直到 2010 年才得以建成。NIF 建成后，美国立即斥巨资启动"国家点火攻关"（NIC）计划，原以为可以马上实现点火，然而经过两年实验，NIC 计划却宣告失败。那一段时间，全世界的激光聚变研究界对于实现激光聚变点火非常悲观。2015 年，美国国家核安全管理局（NNSA）对 NIF 实验进行了系统评价，最终认为短期内无法实现激光聚变点火，中期实现的可能性也不大。但是 NIF 的科学家没有停下脚步，在随后的时间里继续努力，终于在 2022 年实现了"点火"这一历史性突破。

点火是什么意思？点火是指核聚变反应产生的聚变输出能量大于输入的激光能量，这当然是一个非常重要的里程碑，标志着人类真正开始进入聚变能时代。

在过去的十年里，美国 NIF 实验的探索从未停止。图 9-4 上的纵轴是聚变能输出能量的对数坐标，横轴是时间。从图中可以看到，他们一次次失败，又一次次艰难前行，直到 2022 年 12 月 4 日才终于实现了输出能量大于输入能量的里程碑。这对人类社会未来发展的意义极其重大。过去两百年的三次工业革命之所以成为文明进步的最大推动力，底层逻辑其实都是能源技术的进步，但那几次进步在能量密度上只能提高几倍。而核聚变能相比化石能源带来的能量密度提升是数百万倍，因此它对我们人类社会的影响将超过过去三次工业革命的总和。

讲到这里，大家一定也很关心磁约束聚变目前的发展水平，以及它与激光聚变发展水平的比较。

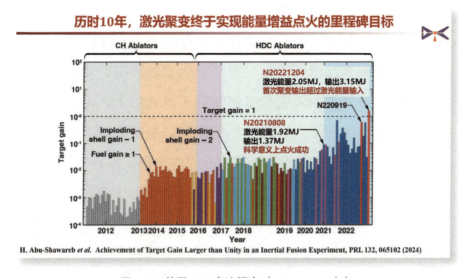

图 9-4　美国 NIF 实验探索（2012—2022 年）

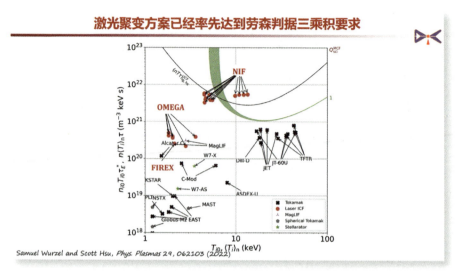

图 9-5　NIF 激光聚变方案已经率先达到劳森判据三乘积要求

　　图 9-5 上的纵坐标就是我们刚才提到的劳森判据。图中黑色的曲线是激光聚变点火对应的曲线，高于这条曲线的区域就是输出能量大于输入能量的能量净增益区，2022 年 12 月 4 日之后 NIF 的几次输出大于输入的实验点都标注上了。图中绿色的曲线是磁约束聚变输出大于输入所需要达到的界限，我把世界上主要的磁约束聚变的实验结果都画到了这张图上，由此可见磁约束聚变距离实现点火还有相当的距离。根据欧盟委员会最新发布的文件，国际上多国合作建设的磁约束聚变实验装置 ITER，计划到 2035 年实现氘—氚运行，2039 年开始氘—氚实验，2044 年实现十倍能量增益（$Q \geq 10$）。由此大体可以看出，从物理研究的角度来说激光聚变研究水平已经领先于磁约束聚变约十几年的时间。这也是为什么美国将激光聚变路径作为国家聚变能发

展主战略来推动的原因。激光聚变能相对于其他的聚变方案还有以下的显著优点：

第一，激光聚变是一个高度模块化的能源形式，这意味着如果运行中出现问题，直接把出问题的模块换掉就行了；而磁约束聚变在运行中一旦出现问题，可能就需要整机停下来检修。

第二，激光聚变反应中氘、氚的燃烧效率比较高，因为虽然氘在海水里有很多，但是氚是需要在反应过程中产生的，所以氚的燃烧效率高低是将来决定聚变能源品质的一个重要表征。

第三，激光聚变能源所涉及的产业链比较长，所以在激光聚变能源的持续研发中，会产生出大量的科技衍生品，这些科技衍生品会对国家与地方的科技实力发展带来巨大的提升。

第四，由于激光聚变能源是脉冲式的运行方式，因此可以随时添加燃料和去除燃烧废物。

近期美国发布了《聚变能源战略 2024》，其中提到美国的激光聚变能源已经被纳入了 2025 年即将发布的美国聚变能源发展的路线图。美国制定了分 3 个层次和 4 个阶段全面推进激光聚变能源发展的战略，另外他们还成立了 3 个国家级的惯性约束聚变能的研发聚集区。我后面会讲到私营公司与国家研究基地在发展聚变能产业方面的分工。

正是由于激光聚变和磁约束聚变的快速发展，以及人类社会对于终极能源的渴望，自 2020 年起，很多初创公司开始介入

图 9-6　激光聚变能的商业化进展与系统级点火装置

核聚变技术研发领域。

　　图 9-6 里有目前世界上所有涉足激光聚变和磁约束聚变技术的公司名单，标黄的是与激光聚变技术有关的公司，其他的是与磁约束聚变技术有关的公司。如果把核聚变技术分一下类的话，这些初创公司中绝大多数都是在做第二级（材料元器件级）、第三级（软件级）、第四级（工业制造级）、第五级（仪器设备级）的聚变相关技术研发，主要是研究聚变相关的单元技术，而非以实现核聚变反应输出能量大于输入能量的点火为目标。由于核聚变研究的大科学工程特点，真正的核聚变点火研究是需要集成以上这些技术到一个系统级的大型科学工程装置上去实现的，因此大都是国家级大科学工程，比如激光聚变装置有美国的 NIF 和 Omega 直接驱动激光聚变装置，我国的"神

光"系列激光装置；磁约束聚变装置有国际合作的 ITER 超导托卡马克装置，我国合肥的 EAST 超导托卡马克装置与成都的环流器磁约束聚变装置等，这些都属于第一级（系统级）的核聚变综合研究装置。这就是商业和国家主导的分级行为。

美国在 2022 年底激光聚变点火实验取得成功以后，开始大张旗鼓推进激光聚变能源的发展，也掀起了全世界的研究热潮。美国发布了聚变能的发展路线图，预计到 2035 年前后做出激光聚变的演示电站，预计电价为每千瓦时 9.6 美分。美国的目标是到 2045 年前后建成商业运行的激光聚变电站，预计的电价是每千瓦时 5.3 美分。

图 9-7　美国激光聚变能发展路线图（2009—2045 年）

二、我们的研究历程

大家一定迫不及待地想知道我们中国现在研究进展到什么程度，下面我来介绍一下我们联合研究团队近几年的研究进展。

根据激光聚变反应本身作为微型氢弹和能源的两大特点，世界上的激光聚变研究目的分成两类，第一类是以国家战略安全为目的，第二类是以实现人类社会可持续发展的终极能源为目标。我们联合研究团队的目的是第二类。激光聚变研究在实现了聚变输出能量大于激光输入能量的点火里程碑目标以后，在通往激光聚变电站的道路上还有三个重要的里程碑目标：第一是要实现能量净增益大于10，第二和第三分别是实现增益大于30和增益大于100。其中大于1的点火是聚变能科学可行性的验证，大于10是工程可行性的验证，大于30则是聚变电站的演示，当能量净增益大于100的时候，就可以实现重频商业运行。美国NIF的激光聚变虽然实现了点火的里程碑，但是它的中心点火方案在物理上有两个内禀物理困难：其一是NIF中心点火方案的驱动激光能量加热效率很低（低于0.5%）；其二是由于在最后的点火阶段存在内禀的流体力学不稳定性，因此可控性比较差。

造成这两个困难的物理本质是什么呢？第一个方面，NIF中心点火方案加热效率低的物理原因是驱动激光能量需要通过以下众多环节：1）激光能量→2）X射线能量→3）耦合到聚变靶丸表面的能量→4）内爆动能→5）热斑内能，热斑内能足够高时才能最后产生热能聚变反应能量，如此之多的转化环节造成了 NIF 中心点火方案加热效率的低下。第二个方面，NIF 中心点火方案的最后阶段，需要由高密度的氘氚燃料球壳完全球对称地压缩氘氚球壳中心的氘氚气泡，压缩到中心氘氚气泡的压强与周围氘氚球壳的密度一致时实现点火，但是这个压缩阶段在流体力学上是极其不稳定的，只有在绝对球对称并且气泡与球壳的界面绝对光滑时才能完成中心点火，任何偏离球对称的小偏差或者任何界面上的微小缺陷都会造成点火失败。

再从热力学的角度看问题出在什么地方。从这张以密度为横坐标，温度为纵坐标的相图（图 9-8）上看，实现中心点火激光聚变的过程，就相当于从相图中左下方这个温度和密度都处于通常状态的蓝点，通过不断加压与加温，沿着这条紫色的路径，直直地到达相图中右上方代表极高的温度与密度的那个红

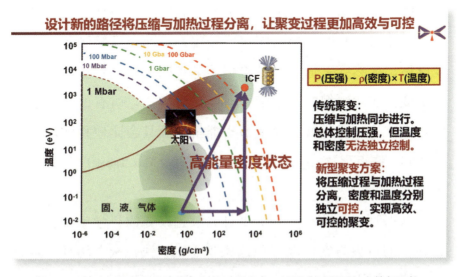

图 9-8 设计新的路径将压缩与加热过程分离，让聚变过程更加高效与可控

点。这才是最佳路径。

美国 NIF 中心点火方案的问题在于，球对称的内爆过程，本质上是在压缩过程（提高密度）中同步提高温度，也就是密度和温度是深度纠缠的。在这个过程中，唯一可以控制的物理量只有压强。每一条等压线就是相图中的一个同心圆，温度和密度却没有办法控制，这就意味着在加压过程的任何压强下，内爆过程完全可以不沿着这条紫色的路径前进，而偏离到等压线的不同温度与密度的组合，这就相当于发生了不稳定，这种不稳定需要付出额外的能量代价才能纠正过来。因此 NIF 中心点火方案就相当于以紫色直线为中心来回地走曲折的道路。这就是 NIF 中心点火方案本身的热力学困难。

那么有没有更加高效、更加稳定的其他路径呢？有。还是从图 9-8 上看，如果能够解除压缩过程与加热过程的耦合，先做冷压缩，沿着相图横着走，由于只提高密度不增加温度，这个压缩会非常干净而且相对起来比较容易。而当压缩到了聚变密度以后，突然给它加温，沿着相图笔直向上，把它加温到聚变的温度。在此过程中，密度和温度是可控的，所有的热力学量都是可控的，因此就会大量节省能量，而且会比较稳定。这条路径叫"快点火"，是美国科学家塔巴克（Max Tabak）在 1994 年提出的。

从那时起，世界上有不少研究激光聚变的科学家都在努力设计新的点火方案，以实现这条理想的"快点火"路径。通过将压缩和加热过程分离，以便让激光聚变过程更加高效和可控。

当然，想在实验中实现这条路径并不容易，许多尝试实现快点火的点火方案都遇到了各种问题。1997年，我还在英国卢瑟福实验室工作的时候，也提出了一个实现快点火路径的方案。

我当时的想法是这样的：为了节省压缩用的激光能量，压缩其实并不需要4π立体角对它进行球对称压缩，压缩可以在两个开角为1000的金锥里面完成。把氘氚燃料做成一个球壳放在内爆金锥中，接下来使用整形后的激光光束，通过烧蚀金锥内氘氚球壳外的特殊镀层内爆，实现对氘氚球壳进行球对称压缩。因为金锥本身就是球的组成部分，所以在金锥内的压缩仍然是球对称压缩。当压缩到了足够高的密度时，高密度的氘氚燃料会从内爆金锥小口喷出。在这个过程中，球壳燃料沿着金锥的纵向压缩是由激光的烧蚀实现的，而在燃料被不断向锥口推进与纵向压缩的过程中，横向的直径越来越小，因此横向也会得到压缩。从两个相向放置的金锥口喷出来的高密度射流在中心位置对撞，对撞以后达到聚变所需的密度。在对撞等离子体达到最高密度的时刻，使用另外的相对论激光产生高能快电子，对高密度等离子体进行快速加热，达到核聚变温度。这样的压缩过程，第一提高了内爆激光的效率；第二由于中间没有小气泡，因此避免了最终阶段的流体不稳定性；第三使用高能快电子的加热效率可以达到15%以上。这些就是双锥对撞方案的优点。

当然，物理学方案的可行性不能仅靠理论证明，最关键的是要通过实验来验证其可行性。

2018年，在我卸任行政管理工作之时，正是世界范围激光聚变研究的"至暗时刻"。原因是美国国家核安全管理局对当时美国 NIF 研究进展进行了评估，得出近期激光聚变不可能实现点火的结论，因此世界范围的激光聚变都面临是否要继续下去的局面。在这个"至暗时刻"，我与我原来在北京和上海的科研团队的几位研究人员做出了开始双锥对撞点火方案实验验证的决定。当我在 2019 年的"国际惯性聚变科学与应用"（IFSA）会议上作邀请报告时，国际聚变科学研究界对我的决定并不看好。他们说，张杰虽然是一个世界级的科学家，但是，第一，他没有一个做激光聚变所需求的大研究团队；第二，他没有激光聚变研究所需要的巨量研究经费；第三，他没有激光聚变研究所需要的众多诊断设备；第四，他没有激光聚变研究需要的巨型激光装置；第五，他没有大型的数值模拟程序。这样的"五无"怎样才能通过实验证明双锥对撞点火机制的可行性？我是个乐观主义者，我的前半生中完成过许多"明知不可为而为之"的挑战，都取得了成功。因此，开展双锥对撞点火研究对我来说，就是面对一次前所未有的挑战而已。聚变能源是人类社会可持续发展所必需的终极能源，因此必须攻克。只要对国家、对人类有重要价值，我就要主动迎接这次挑战。

第一步从组建研究团队开始，因为要想开展激光聚变研究，就必须有五方面的研究人员：一要有靶物理的研究人员；二要有研制巨型激光装置的技术人员，能不断地发展激光装置；三要有精密物理实验诊断的人员；四要有微纳制靶的人员；五要有描述高温高密等离子体宏观行为的流体力学数值模拟程序和描述微观过程的粒子模拟程序的人员。那段时间里，我几乎把全国所有研究单位和大学里与激光聚变研究相关的以上五方面的人员都去找了个遍。当然，我们国家还有工程物理研究院是专门做激光聚变的研究单位，但是他们那支队伍是专门做国家战略安全相关研究的，所以我不能动员他们的人员加入我的团队里。因此，我们这个团队是由来自中科院六个单位和十所大学的研究人员组成的联合研究团队，被别人开玩笑说是张杰带领的一支由"散兵游勇"组成的"游击队"。

接下来我们就开始把那个方案的可行性验证真正设计成为实际的实验方案。双锥对撞靶设计本身非常简单，就是在两个相向放置的金锥里加上氘氚燃料球壳，这个设计我后面会讲到。作为未来能源的话，简单的靶设计会有巨大的优势。

验证双锥对撞过程的四个分解物理过程的第一个过程是等熵压缩，需要从金锥的大口注入整形后的激光光束；当然，需要多路激光才能达到足够的能量。我们使用的是升级后的神光Ⅱ激光装置的8路三倍频激光光束，分别从两个金锥的两端注入到金锥中的氘氚球壳靶上，对氘氚进行压缩。利用整形激光波形的目的，是要对金锥中的氘氚球壳进行近等熵压缩，也就是说在压缩的过程当中熵不能增加，这是我们必须实现的第一个目标。

第二个过程是加速，利用激光主峰给予压缩后的氘氚燃料足够的内爆动能，使得压缩后的氘氚燃料沿着金锥内壁进行三维的压缩与加速，最后从金锥的锥口高速推出去。

第三个过程需要实现从两个金锥口喷射出来的高速等离子

体喷流，在两个金锥口中间的位置实现对撞，使得在金锥中得到压缩的等离子体在对撞中实现密度倍增。

第四个过程需要在形成高密度对撞等离子体以后，用垂直方向的皮秒拍瓦激光在加热金锥中产生优化能谱的高能快电子，对对撞等离子体进行快速加热。在图 9-9 中，所有蓝颜色的字都是物理上的挑战，所以我们一方面要证明这四个物理过程的确都是可行的，另一方面要逐一攻克这八个挑战。这就是我组建的联合研究团队的任务。

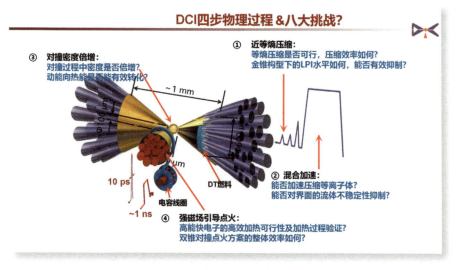

图 9-9　双锥对撞点火的四步物理过程和八大挑战

2020 年新冠疫情暴发，正好与我们第四轮实验的时间相遇。为了尽快验证在金锥中是否能够实现等熵压缩，我们必须做新冠疫情中的"逆行者"。为什么必须在疫情中进行实验呢？因为我国的大型聚变级激光装置的时间极其珍贵，平时神光激光装置一个发次就需要大概十几万元经费，一轮典型的激光聚变实验需要上百发次，而我们研究团队当时还没有正式的研究经费。由于在疫情中激光装置上没有其他用户，因此，我就与上海光机所强激光实验室的同事商量，能否向我们联合研究团队开放激光装置？他们很有担当，说你们只要敢来，我们就敢开。当时还有一个困难，就是按照防疫规定，研究生和博士后都需要在家隔离，不能来学校，更无法来实验室参加实验。因此，我们的第四轮大型联合物理实验的所有参加者都是老师，这或许是全球唯一一次完全由老师完成的激光聚变大型联合物理实验。

实验前，我跟参加实验的老师们开玩笑说："你们都是大教授，平时的实验肯定不是你们自己做的，而是你们的学生在做。现在呢？到了考验你们的时候了，我来看一下你们自己是不是还会做实验。"他们当然都很乐意接受挑战。同时，他们也悄悄地说："我们也想知道张老师还会不会做实验。"当然，在我给他们展示我对实验精髓的理解和高超实验能力时，我也很高兴找到了 20 多年前作为物理学家的自己！因为在过去 20 多年里做各层级管理工作时，我已经习惯把别人的成功当作自己最大喜悦的来源。但是，当我在 2020 年新冠疫情期间的那次实验中，重新发现自己对聚变物理过程的理解和对实验精髓的掌握仍处于巅峰状态时，我也重新找回了久违的快乐。

2020 年那轮实验的目的是证明我们可以在金锥中实现对球壳靶的等熵压缩。疫情初期，我对团队同事们说，我们每个人都要认真执行防疫规定，因为大家一方面要对实验负责，只要有一个人感染了，我们全体人员就需要被隔离，实验马上就得停；另一方面更加重要的是，我们还要对每个人的家人负责，因为那时我们还不知道感染了新冠病毒结果会怎么样。

这张照片（图9-10）是我们实验结束时的合影，我们还都戴着口罩，但是精神饱满、斗志昂扬，这或许也是全球唯一一次在疫情期间完成的激光聚变大型物理实验。后来，国际激光聚变研究界都知道，张杰带着他的团队做了一个"最危险"的激光聚变实验。当然，这里的"最危险"指的是新冠疫情。我是实验物理学家，以在实验室里工作、解决实际问题作为我最大的乐趣。而且当时我们的研究团队还没有科研经费，仍然是靠大家自带"干粮"参加实验，我唯一可以回报大家的，就是在实验期间给大家讲物理过程和具体探测技术。就这样，我带领着这

图9-10　张杰院士亲任总指挥的 DCI 实验团队

支充满了理想主义情怀的研究团队，从激光聚变研究的"至暗时刻"一直走到了它的黎明。

在过去的五年时间里，我们已经完成了八轮大型物理实验和六轮发展诊断设备的实验。我们解决了一系列难题，验证了双锥对撞点火机制的实验可行性，解决了我刚才提到的八大挑战，发展了主要的诊断设备。我们的团队也从最初什么都没有的"五无"团队，成长为世界上研究能力最强的团队之一。

在过去的五年时间里，我们在上海光机所神光Ⅱ升级实验室里做了 359 天实验，打靶 924 个发次。做激光聚变实验的人都知道，衡量一个人的实验经验，是通过他实际参与过的大型激光装置的实验发次来评估的，就像用飞行小时数来衡量飞行员的经验一样。在我们实验开始之前，我是团队里唯一一个在大型激光装置上有上千发次经验的人，其他人的经验都很少，有的甚至没有任何发次经验。但是经过过去五年高强度的实验，现在全世界都注意到中国突然出现了一个几百人的团队，这个团队中有大量拥有上千发次经验的实验人员，他们已然成为全球激光聚变研究领域中不可忽视的重要力量。

接下来回到最开始，我来告诉大家，我们究竟解决了什么问题。

我们激光聚变实验用的靶就是两个相向放置的金锥，金锥内部是氘氚燃料球壳。它的设计非常简单，可实现批量制作。因为如果未来要每天源源不断地输出激光聚变产生的电力，就必须实现高重频激光聚变，比如每秒 10 发到 50 发（赫兹），一天需要数百万发次甚至上千万发次，因此，激光聚变能源的靶设计必须非常简单。

介绍一下目前为止我们在双锥对撞激光聚变物理过程研究上取得的进展。第一，在 2020 年疫情期间进行的那次最艰难的实验里，我们实现了对金锥内燃料球壳靶的高效等熵压缩，我们也克服了纳秒激光在内爆中的激光等离子体相互作用的不稳定性，将这种不稳定性的能量损失控制在 5% 以下。

第二，我们实现了在金锥中对压缩后的球壳燃料的加速。而且我们把出锥口时的内爆速度控制在每秒 200 公里左右，这个速度对于将尽可能多的燃料压出金锥至关重要。另外我们还通过在金锥内表面镀膜，抑制住了金锥内表面与燃料界面的 KH 不稳定性。

第三，由两个金锥口喷出的高密度射流的对撞，在两个金锥口之间产生了等容分布的对撞等离子体，对撞等离子体的密度实现了倍增。而且还可以通过对撞，将高速射流的动能回收变成对撞等离子体的热能。

第四，在第八轮实验中，我们使用一路皮秒激光，在加热金锥中产生高能快电子，注入到对撞等离子体中，将对撞等离子体中的离子温度提高到了 600 电子伏（加了磁场以后效率会再提高四倍）。600 电子伏是什么概念？ 600 电子伏就是 600 万度。我们已经达到了 600 万度，这只是最开始。我们现在开始了第十轮实验，我是总指挥，这次实验的目标是冲击 1000 万度。

当我们实验结果的论文发表后，立即在国际上引起了极大关注。美国等离子体物理专业刊物的主编给我写信说，你们的实验成果很重要。他说，美国 NIF 自从成功实现激光聚变点火的里程碑目标之后，就一直在为实现高增益激光聚变而努力，你们的实验结果提供了一条高增益激光聚变的可靠路径。所以，他将我们的论文选为他们刊物的封面文章，还将我们的论文推荐至美国物理学联合会的会刊 *Scilight* 进行详细报道。

除此之外，我们的实验结果还促使了美国 NIF 开始认真考虑直接驱动方案。他们去年决定斥巨资建设第二靶室，开展与我们方案类似的直接驱动激光聚变实验，这让我们很自豪。我跟同事们说，现在我们真正的竞争对手来了。对于世界上的其他团队来讲，我们的领先优势是五年，但由于 NIF 团队是世界上激光聚变研究经验最丰富的一群人，如果他们现在改过来采用我们的双锥对撞方案做直接驱动的话，可能只需要两三年就可以追上我们。所以我们只能进一步提高速度。

2022 年 11 月，在完成了第八轮物理实验后，我们把实验暂停了 18 个月，去对我们的神光 Ⅱ 激光装置进行能量倍增升级，因为我们的实验还需要在更大规模的激光装置上加以验证。在今年的 3 月至 6 月期间，我们用升级以后的激光装置做了 R9 实验，也就是第九轮实验。第九轮实验是升级后装置的磨合实验。我们前天刚刚开始第十轮实验，这次实验的主要目的就是冲击 1000 万度的目标，因为我们最终点火需要达到 5000 万度。验证两路皮秒激光可以将离子温度提高到 1000 万度至关重要。因为从 1000 万度继续进一步提高温度，主要就是进一步增加皮秒加热激光的能量。

从现在开始到 2026 年，我们还会再做八轮实验。在这八轮实验中，我们就是要一个参数一个参数地去优化，争取到第十八轮实验的时候实现 α 粒子自加热。

三、我国的机遇与挑战

下面讲一下我国面临的机遇和挑战。

美国在关于聚变能的国家发展战略中，将增益大于 10、大于 30 和大于 100 作为面向聚变能未来发展的三个里程碑。与此同时，作为激光聚变电站，聚变反应必须是高重频的。对我们联合研究团队的目标来说，我们可以跳过增益大于 10 的里程碑，因为我们是压缩过程与加热分离，加热的效率远高于美国 NIF 采用的中心点火方案。因此，我们希望在实现了增益大于 1 的目标后，跳过增益大于 10，直接冲击增益大于 30 的里程碑，接下来就是到增益大于 100。如果有足够的科研经费支持，我们希望到 2035 年能够第一个实现增益大于 30，并建设演示型的激光聚变电站。为此，到 2027 年，我们还要攻克高重频激光驱动技术、高重频制靶与定位技术等与激光聚变能连续输出相关的技术。

我从能源角度把我们的 DCI 方案和美国的 NIF 方案做一个对比（图 9-11）。首先，在物理上我们是一个等容模型，他们的是一个等压模型，所以我们的加热效率高了 30 倍。其次，我们所需要的驱动激光能量只相当于他们的 10%，这对于能源来说

DCI方案与NIF方案比较

	DCI	NIF	比较
聚变方案	等容模型	等压模型	相同驱动能量下增益更高
激光到燃料加热效率	~15%	~0.5%	加热效率高30倍
G>1激光能量需求	160kJ+30kJ	~ 2.0 MJ	驱动能量需求仅为~10%
G>100激光能量需求	500kJ+60kJ	---	NIF暂无方案
聚变电站运行重复频率	100	16	DCI运行频率高6倍
预估电价（元）	0.11	0.37	下降为30%

DCI更适合作为聚变能源（DIFE）方案

图9-11　DCI 方案与 NIF 方案比较

非常重要。因为要用美国的 NIF 激光来做激光聚变能的驱动器的话，显然造价会非常昂贵，而我们只需要 NIF 激光装置 10％的能量就可以实现点火。根据这个对比，我们制定了产生增益大于 100 的激光聚变电站方案，目前暂时还没有看到美国的相应方案。此外，我们将来做电站的重频设计，定位在 50 次 / 秒，美国的方案是 16 次 / 秒，我们的运行效率还会再高 3 倍。最后，竞争力当然要体现在电价上，美国的预估电价是每千瓦时 5.3 美分，相当于 0.37 元人民币，而我们的预估电价大概是它的三分之一，约 0.11 元人民币。而且这还只是依据一个激光聚变电站的估价，假如未来我们同时做 10 个或者 100 个电站的话，届时的电价真的会非常便宜，这会给我们人类社会带来巨大的变化。

我们现在已经全速行动起来了，把所有经费都投入到激光装置的建造中去。2024 年 11 月 11 日，我们在位于上海嘉定的上海光机所北区新区开建了用于点火的激光装置。在这个地方，我们除了要建更大规模的驱动激光装置外，还要建一些与激光聚变能相关的配套设施。这些基本建设预计在 2026 年中完成，接着再用半年左右的时间安装与调试新的激光装置，到 2026 年底，我们计划开始冲击点火的里程碑目标。

如果我们得到进一步的研究经费支持的话，在实现点火目标之后，我们会跳过增益大于 10，直接冲击增益大于 30，并希望在 2040 年前实现增益大于 100 的第三个里程碑目标。也就是说，如果我们能够得到进一步的经费支持，我们希望在 2027 年达成增益大于 1 的第一个里程碑目标；在 2035 年达成增益大于 30 的第二个里程碑目标，同时攻克高重频激光聚变能所需要的关键技术；在 2040 年达成增益大于 100 的第三个里程碑目标，并在 2045 年前建成 50 赫兹重频、吉瓦级输出功率的激光聚变电站。

我们现在正在申请进一步的研究经费，同时也在与企业洽谈，希望争取国家和地方经费支持以及社会资本投入。一方面，我们要将驱动器的能量进一步提升，实现一系列里程碑目标；另一方面，力争在 2027 年前完成面向激光聚变电站的关键技术验证，以便在 2028 年以后吸引大量企业参与激光聚变电站的建设工程。

激光聚变能的发展会带动上中下游的产业链发展。激光聚变由于涉及众多产业，因此对于产业链的带动作用要比磁约束聚变大得多。图 9-12 展示的是在上中下游，激光聚变可以带动

图 9-12 激光聚变能源带动的上中下游产业链

的产业。可以说,激光聚变能的发展对于我们国家整个工业体系的能力都会是质的提升,这就是最典型的新质生产力,它对国家整体发展的影响实在太大了。

回到我们的计划,我们联合研究团队目前正全力冲刺前面提到的一系列里程碑目标。不管遇到多大困难,我们都会一往无前。我常对团队说,我们是从当年"五无"的状态下组建起来的团队,所以今天再大的困难也无法让我们停下脚步,我们正在快速向前推进。

我要代表我们联合研究团队的全体成员,对中科院在我们最艰难时刻给予的雪中送炭式的支持表示衷心感谢!非常感谢中科院领导对我个人和我们团队能力的信任,他们在对 DCI 方案的创新性和可行性进行专业评估后,以最快的速度作出支持我们的决策，并通过中科院 A 类先导专项给予我们支持，正是这份支持才使我们有了走到今天的能力。

我来对今天的报告做一下总结。得益于过去两百年里的三次工业革命，人类文明得到快速发展。其实，这几次工业革命的最底层逻辑都是能源技术的革命。这一次核聚变能时代的来临，将会给我们人类社会带来极其深远的影响，因为聚变能的能量密度与化石能源相比，一下子提高了几百万倍。因此，我们相信这一次聚变能带来的工业革命，对人类文明进步的促进作用将会比过去三次工业革命产生影响的总和还要大。

美国 NIF 团队在 2022 年 12 月 5 日实现了激光聚变点火，验证了激光聚变在科学上是可以实现的，这也是人类迈进聚变能时代的重要里程碑。美国的这个方案虽然已经成功了，但是加热效率太低和最终阶段的不稳定性仍然是制约他们下一步发展的重要问题。我们的方案在实验上已经证明要比美国方案的效率高至少 20 倍，且加热过程可控，是更加稳定的，具备在比美国方案装置能量低得多的激光装置上实现更高聚变增益的潜力，所以我们现在正夜以继日在神光 II 巨型激光装置上进行第十轮实验。我们的梦想是用激光聚变点亮未来，迎接聚变能时代的到来。

最后，我要向我的联合研究团队的全体成员致谢，他们是一群非常纯粹的科研人员。自 2018 年起，他们就与我并肩作战。在研究之初，我甚至没有科研经费，他们都是自带"干粮"汇聚到一起，跟我整整做了两年的研究。由于激光聚变的研究周期较长，发表论文的速度比其他领域要慢，而且除了科学研究，

图 9-13　我们的梦想：用激光聚变点亮未来

还有大量工程技术上的事情，但他们从未抱怨或犹豫。2018年我们团队进入激光聚变领域时，正值全球激光聚变研究的"至暗时刻"，因为2015年美国国家核安全管理局评估美国NIF的激光聚变研究后，得出非常悲观的结论：NIF近期不可能实现点火，中期前景也不明朗。所以我们这个领域里流传一个著名的玩笑："聚变什么时候实现？"答案永远是"50年"。当然，还有另一个玩笑："点火攻关最常见的是什么？""我们又遇到了暂时的困难。"

2022年12月5日，美国NIF实现聚变点火的当天晚上，我们开了一个全团队的大会，我对大家说，美国NIF今天实现了人类共同的梦想——迈向激光聚变能的第一步，我们与全世界所有同行一样感到非常兴奋！但是，我相信在大家心里，除了兴奋之外，或许还有一丝酸楚：如果美国NIF的点火成功再晚几年，

图 9-14　张杰院士和他的团队

或许第一个冲破这个里程碑的就是我们团队。这份独特的感受，是我们过去四年夜以继日努力换来的。迈向聚变能时代是全人类的共同梦想，让我们继续努力，争取在 2035 年走到世界的最前面，做出全球第一个激光聚变电站。

　　以上就是我今天的报告，再次感谢大家，也非常感谢全国政协安排了这么好的机会，让我本色出演激光聚变物理学家。谢谢大家！

附 录

全国政协"委员科学讲堂"侧记

科学之美，与全社会共享

2023年9月15日上午9点整，全国政协礼堂一楼大厅座无虚席。

随着全国政协教科卫体委员会副主任、中国科协原副主席徐延豪代表委员会和科技工作者，向全国政协委员发出"履职尽责、科普为民，为实现高水平科技自立自强贡献力量"的倡议书，呼吁政协委员里的科技工作者带头开展科普工作，全国政协"委员科学讲堂"活动正式启动。

而后，在700余名听众的热烈掌声中，全国政协委员、中国科协副主席施一公走上"讲台"，开始了题为"生命科学之美"的首场讲座。

什么是生命科学？生命科学基础研究是如何推动医药创新的？未来，生命科学是否将面对持久的挑战和无限的可能？对此，我们应如何应对？站在巨大的显示屏前，施一公时而驻足，时而踱步，不疾不徐，娓娓道来，通过展现宏观的宇宙和天体层面结构的奥秘，以及分子和电子的微观世界结构之美，带领大家感受宇宙运行规律和生命活动规律，让大家真切感受生命结构之美。

台下的听众，既有全国政协领导、部委负责同志，有全国政协委员、北京市和西城区、海淀区政协委员，也有不少高校学生、中学学生、科技工作者和群众代表，大家神情专注，边听边记，完全沉浸在生命科学的博大精深之中。

70分钟的精彩讲演结束，听众们意犹未尽。作为主持人的全国政协教科卫体委员会主任、教育部原部长陈宝生刚一宣布进入互动环节，大家便争先恐后地举手。

"生命科学发展日新月异，在您看来，我们有生之年有没有可能看到永生技术的出现？"

"您能否从分子生命的角度分析一下精神医学中心理治疗的未来发展方向？"

"您如何看待学科交叉与生命科学的进步之间的相互影响？"

"当信心满满的科研课题得不到好结果，我们应该如何坚持下去？"

……

施一公耐心细致地回答每一个问题，专业且真诚。一问一答间，心灵在交流、智慧有碰撞，视野得到开拓，共识在此凝聚。

北京航空航天大学生物与医学工程学院的研究生邹锐阳在讲座结束后依然难掩兴奋。"施一公院士对科学的执着、对名利的淡泊一直激励着我。今天的讲座更加激发了我不断探索未知的兴趣，我相信很多同学都会有同感。"

当天凌晨4点才结束排练的全国政协委员、北京市第二中学艺体中心主任孟艳也顾不上休息，赶来聆听讲座。"生命科学是关于我们自身的探索，是对未知的追求，这种探索和追求精神同样也体现在舞台、电影等其他领域。以艺术手段融合科技的奥妙神奇，将科学的精确性和艺术的美感完美结合在一起，给观众以美轮美奂的知识享受，激发好奇心和爱美之心，帮助人们更好地认识自己和世界，也是生命之美的体现。施院士的讲座给我以无限的灵感与启示，受益匪浅、不虚此行。"孟艳表示。

"在第 21 个'全国科普日'来临之际，这场报告无疑为'委员科学讲堂'活动开了个好头。相信会有越来越多的委员和我一样，积极响应徐延豪委员的倡议，加入科普事业中来。相信通过委员们的共同努力，一定能进一步助力提升全社会的科学素质，形成科学重要、科学能够改变未来的共识。"全国政协委员、航天科技集团十一院研究员曲伟说。

开展"委员科学讲堂"活动，是全国政协贯彻落实习近平总书记关于做好科普工作的重要论述和中共二十大关于加强国家科普能力建设决策部署的具体行动，是全国政协委员履职"服务为民"活动的一项专项工作，目的就是发挥政协人才荟萃的优势，为普及科学知识、倡导科学方法、传播科学思想、弘扬科学精神，为提高社会大众科学素质作出政协贡献。

据了解，全国政协教科卫体委员会近期还将开展"科普万里行活动"，邀请 15 名"两院"院士、专家委员赴四川、湖南、安徽、贵州等地基层一线为群众开展科普讲座。

此后，全国政协还将采用"请进来"和"走出去"相结合的方式，邀请专业从事科技工作的委员，特别是"两院"院士委员，面向社会举办不同层次的科普讲座，开展形式多样的科普活动，为科学普及和为民服务贡献力量。

全国政协长期积极参与和推动科普工作。十四届全国政协以来，王沪宁主席主持召开全国政协"加强科学普及法治建设"双周协商座谈会，委员们围绕缩小科普区域和城乡差距、强化科研人员科普职责等积极建言。教科卫体委员会结合调研考察，组织委员开展基层科普讲座 10 余场，委员们也立足本职岗位积极开展科普活动。

良好的开端是成功的一半。在各方共同努力下，"委员科学讲堂"一定会越办越好，人民政协在科普工作中的优势作用也将得到进一步发挥，继续为科技强国建设贡献独特力量。

（《人民政协报》2023 年 9 月 18 日　记者 吕巍）

和青年朋友一起树牢科技自信

扎科学沃土，稳自强根基。

2023 年 11 月 10 日下午 2 时 30 分左右，一群高校学生、中学生聚集在全国政协礼堂门前。他们热情洋溢、精神抖擞，期待着能在这里接受一场酣畅淋漓的知识洗礼。与他们一同现场参加这场知识盛会的还有全国政协领导、部委负责同志、全国政协委员、北京市和西城区、海淀区政协委员，以及一些科技工作者和群众代表。

应邀在这里登台开讲的是全国政协委员，中国科学技术协会副主席、中国科学院院士潘建伟，这是全国政协"委员科学讲堂"的第二场活动。

"充分发挥人民政协人才荟萃、智力密集的特点和政协委员的专业优势，认真落实政协委员密切联系和服务界别群众的职责任务，积极展现政协委员为国履职、为民尽责的政治担当。"全国政协常委、教科卫体委员会副主任王志刚的主持开场白，再次言明了政协委员们在系列科普活动中的神圣职责与使命。

潘建伟走到巨型显示屏幕前，掌声热烈持久。"从爱因斯坦的好奇心到量子信息科技"，一场穿梭时空的科技之旅正式开启。

"天上一日，地上一年"可能出现吗？孙悟空的一个筋斗十万八千里和分身术是否可能成为现实？从神话传说与现代物理的相连相通，到量子科技革命与现代信息技术的联系，再到量子力学为信息科技的进一步发展的蓄势以待，潘建伟例论结合，娓娓道来。

鲜活的事例，让听众与"量子"间的距离逐渐拉近；在当今现实与未来科技的反复跳跃中，人们对量子信息促进现代社会发展这一主题有了更真切的体会。

回忆起过往的科研历程，潘建伟在讲座分享中多次动容。"2009年组建研究团队时，我去观看了《复兴之路》展览，感触良多，随即给我的学生们发了一条短信：甚望你能努力学习提升自己，早日学成归国为民族复兴、科大（中国科学技术大学）复兴尽力。让我感动的是，他们后来真的纷纷回国，用自己的学识报效祖国。"

70余分钟的精彩讲演带来了充实的精神食粮，听众们回味无穷。

"您认为量子计算有可能为人工智能领域进一步带来怎样的改变？或者说，量子计算与人工智能会擦出什么样的火花？"

"社会上有一些声音认为，如今物理学中的一些研究方向似乎和实际应用距离较远，在一定程度上被视作'自娱自乐'。您对偏理论的学科怎么看？"

"目前量子密钥分发技术已经有了一定的试点应用，但使用的是传统的通信方式配合新型的量子加密手段。在您看来，距离创设运用量子隐形传态通信方式的试点，可能还需要多久的时间？"

……

互动环节中，大家不断发问。潘建伟一边积极严谨地答疑解惑，一边热情地呼吁青年学子们继续踏实开展理论研究。"我有信心！"这是潘建伟在回答听众提问时反复提及的一句话，表达出对我国科技建设的信心，饱含着对青年的期冀与祝福。

"我今天的收获特别大。潘建伟委员说，许多研究即使在当前看起来'价值不大'，但是未来也许就会发挥大作用。这句话一直在我的脑海中回荡。"马上面临深造方向选择的北京师范大学物理系强基计划本科生林蕴芊决心以潘建伟为榜样，坚定地从事自己喜欢的研究。

科学普及是推进科学发展、提高公众科学素质、挖掘和解决科学困惑的重要途径。未来，全国政协还将持续推进"委员科学讲堂"活动，邀请委员中的大家、专家、名家，面向社会举办科普讲座。

(《人民政协报》2023 年 11 月 15 日　记者 朱英杰 吕巍)

一场关于通用人工智能的"双向奔赴"

2024 年新年伊始，浓厚热烈的科普氛围在全国政协礼堂拉满。

1 月 5 日，全国政协"委员科学讲堂"活动在这里举行。全国政协委员、地方政协委员、高校学生、科研工作者 800 余名听众用热烈的掌声，欢迎全国政协委员、北京通用人工智能研究院院长朱松纯登上主讲台，一场以"为机器立心——迈向通用人工智能"为主题的科普讲座正式开讲。

通用人工智能是什么？实现通用人工智能有哪些路径？人工智能是否存在失控风险？我国人工智能发展如何取得竞争优势？听众们带着这样的疑问聆听朱松纯娓娓道来，一场关于通用人工智能的"双向奔赴"在这里生动演绎。

由表及里、深入浅出。朱松纯从介绍通用人工智能的基本特征出发，回顾人工智能发展历史，阐述通用人工智能的科研范式，对"小数据、大任务"技术路线进行对比分析，既讲到了以人文社科思想为机器立心，破解人工智能安全难题，又谈到了通过人工智能赋能人文社科研究，开辟新的理论工具；既分析了中国文化思想与通用人工智能的关系，又讲到"心"和"理"在通用人工智能中的表征；并结合人工智能发展的中国之问，介绍了推动原创引领性科技创新的具体实践与深入思考。用专业且丰富的知识和幽默风趣的授课方式，为大家上了一堂生动鲜活的科普课。

近两个小时的讲授已经超时，但听众席上的高校学生意犹未尽。讲座一结束，他们便迫不及待地同朱松纯委员一对一沟通交流。

"通用人工智能怎样抵御外来攻击？"

"如何让人工智能可控，实现为机器立心呢？"

"距离完成'互联网+'计划、打赢科技竞争战，我们还有多长的路要走？"

……

学生们对于通用人工智能的兴趣和对科学知识的向往，也让朱松纯备受感染，他将专业知识、实践经验、鲜活例子组合成答案，为同学们一一解惑。

"希望你们都能做智能时代的先知、先觉、先行者。"讲堂结束之际，朱松纯对热爱科学、崇尚科学的高校学生和科研工作者们提出了真切希望。

"朱院长幽默风趣的讲授方式，拉近了我们与科学之间的距离，在轻松愉悦的氛围里我们受益匪浅。""希望以后能够经常参加这类活动，学习与生活息息相关的科学知识。"听众们纷纷表示。

科学普及一头连着科学工作者，一头连着社会公众，是推进科学发展、提高公众科学素质、挖掘和解决科学困惑的重要途径。深刻认识科普的重要性，全国政协坚持以人民为中心的发展思想和"人民政协为人民"的理念，认真开展委员履职"服务为民"活动，邀请委员中的大家、专家、名家，面向社会举办不同层次的科普讲座。

"作为一名全国政协委员、一名科技工作者，助力科普、传授科学知识是职责所在，也是履职尽责的分内之事。"朱松纯表示。

"下一步，全国政协将积极运用多平台多渠道多层级形成传播合力，继续为提高社会大众科学素质，为我国科技人才提供后备力量，为助推经济发展和社会进步、形成热爱科学崇尚科学的社会氛围作出政协贡献。"全国政协教科卫体委员会副主任王志刚表示。

（《人民政协报》2024 年 1 月 8 日　见习记者 方慧　记者 吕巍）

理解宇宙　点燃未来

　　"今天的讲座会讲宇宙大爆炸吗？""我喜欢看《三体》，不知道能不能听到科幻故事。""我更期待看到中国科学院院士的风采！"

　　2024年4月2日下午，北京市第三十五中学高中部志成讲堂的大屏幕上，全国政协"委员科学讲堂"几个大字格外醒目，第三十五中学高中部的同学们正兴致勃勃地讨论着即将开始的讲座主题——"理解宇宙"。

　　天文学是最受公众特别是青少年喜爱的学科之一。主持讲座的全国政协教科卫体委员会副主任、中国科协原党组副书记徐延豪向大家简单介绍本次活动内容后，全国政协常委、中国科学院国家天文台研究员武向平走到屏幕前，带领现场的350余名观众一起领略宇宙奥秘。

　　"宇宙从哪里来？宇宙到哪里去？谁将主宰宇宙的命运？"三个问题一抛出，立刻引起了大家的兴趣。武向平时而类比、时而举例，用一张张宇宙照片、一个个小故事，简洁生动地介绍了宇宙的大小、宇宙的历史进程、宇宙的演化等知识。

　　现场的全国政协领导同志，全国政协教科卫体委员会、中国科协负责同志，北京市和西城区有关单位负责同志，以及第三十五中学师生们听得津津有味。据了解，这是全国政协举行的"委员科学讲堂"活动，也是"委员科学讲堂"第一次走出政协、走进学校，本次讲座还向西城区内部分中学进行了同步直播。

除了讲解宇宙结构的起源、演化和命运，武向平还介绍了许多宇宙的未解之谜和现代天体物理学面临的挑战，并鼓励同学们积极探索未知领域："科学的生命力在于它从不承认自己绝对正确。"

他的话激发了同学们的求知欲，90分钟的讲座结束后，大家争先恐后举手提问，"太阳中元素的比例是怎样测量的？""中微子的存在被证明了吗？它是怎么来的？""光子真的没有质量吗？""反物质在自然界中是否存在？反物质的探测有了吗？"武向平细致又专业地回答了每一个问题，并不时鼓励道："这是一个好问题！""这个想法虽然不能在现实中实现，但可以写成一本不错的科幻小说。"

活动快要结束时，徐延豪提议说，"我们有许多热爱天文学的同学，如果再组织一场小型研讨会，我想武院士一定愿意为大家解读……"话音未落，同学们激动地鼓掌欢呼。

"今天我列出了非常多的科学问题，每一个问题的突破都会对人类社会作出巨大贡献，希望同学们将来在科学的舞台上大有作为。"武向平表示。

"同学们的提问和掌声是对武院士最大的认可！"北京市第三十五中学校长刘继忠表示，"通过今天的活动，我们感到'委员科学讲堂'确实非常有魅力。武院士不仅分享了科学事实，更重要的是引导学生建立了认识世界的方法和态度，点燃了学生的未来，让他们对于天文学、宇宙甚至对未来的人生多了一分好奇和向往。我希望同学们能学以致用，在生活学习中勇于探索、勇于实践。"

"武院士在讲座中分享了许多我以前没有涉及过的概念，比如中微子，这些概念刷新了我的认知，听完了收获很大。"高一的耿奥强同学意犹未尽,"我对他讲的中微子很感兴趣,还想再进一步了解。"

　　科学普及是推进科学发展、提高公众科学素质、挖掘和解决科学困惑的重要途径。全国政协"委员科学讲堂"旨在充分发挥人民政协人才荟萃、智力密集的特点,普及科学知识、倡导科学方法、传播科学思想、弘扬科学精神,提高社会大众科学素质,在青少年心中播下科学的种子。

　　未来,政协委员们还将继续投身科普事业,为培养我国科技人才后备力量,为助推经济发展和社会进步、形成热爱科学崇尚科学的社会氛围作出政协贡献。

　　(《人民政协报》2024 年 4 月 3 日　记者 张园 吕巍)

国之大器始于毫末

　　神奇的纳米世界是怎样的情景？纳米材料为什么有这样特殊的性质？纳米科技有哪些独特的优势？发展前景如何？

　　2024年5月17日下午，全国政协礼堂内座无虚席，一场以"纳米科技前沿与产业化——以科技创新培育新质生产力"为主题的科普讲座正在这里举行。

　　全国政协委员、国家纳米科学中心研究员赵宇亮站在舞台中间巨大的显示屏前，时而驻足，时而踱步，不疾不徐，娓娓道来。

　　坐在台下的北京化工大学大二学生刘振凯神情专注，边听边记。与他一起听讲的既有全国政协领导、各专门委员会负责同志、部委负责同志，还有全国政协委员、北京市和海淀区、丰台区政协委员，以及部分高校学生、科技工作者和群众代表700余人。大家全神贯注地听讲，时而会意地微笑，时而低头沉思，时而认真书写。

　　由浅入深、循循善诱，引人入胜，赵宇亮以广博的学识、平易的语言，为听众揭开了纳米科技的神秘面纱。他从纳米尺度的重大意义引入纳米科学与科技发展的关系；从纳米科技的两大支柱——纳米材料和原子制造技术，讲解了纳米科技在提高生产生活质量、增进生命健康福祉等方面的重大作用；从科技成果转化角度，阐述了纳米科技促进新质生产力发展大有可为。报告从国内到国际,从回顾到展望,旁征博引,谈古论今,深深地吸引了每一位听众。

70分钟的精彩演讲刚一结束,大家便迫不及待地举手,同赵宇亮委员进行互动。

"科幻影视中的纳米黑科技未来有多少可以在现实中执行?"

"在一些重大事故现场,能否采用纳米生物技术进行救治?"

"当前,纳米技术应用有没有出现万亿级产业?"

……

赵宇亮将专业知识、实践经验、鲜活例子组合成答案,和蔼耐心地回答每一个问题。他严谨而又风趣的讲解,不仅赢得了现场一次又一次的掌声,还激起了与会委员对纳米技术的极大兴趣。

"每一次技术革命必然会带来艺术的变革,那么随着纳米技术的出现和创新发展,是否会掀起纳米艺术新潮呢?"全国政协委员舒勇忍不住提问。

在交流中拓宽视野,在探讨中凝聚共识。50分钟的互动环节很快超时,但听众们意犹未尽。

"这场科普盛宴太精彩了。赵院士的讲座给我以无限的灵感与启示,受益匪浅、不虚此行。"讲座结束后,刘振凯和他的同学们难掩兴奋。大家表示,通过讲座不仅了解了纳米科技的前沿知识,对纳米技术延伸应用产生了非常浓厚的兴趣,也从中感受到了知识的力量。

"聆听了赵院士的讲座,使我们在服务参政履职的具体工作中,对相关问题的理解更加深入和全面。"第一次参加全国政协"委员科学讲堂"的台盟中央机关干部梁渊表示,将进一步巩固"委员科学讲堂"学习成果,提高科学素养,努力提升服务协商履职、资政建言的能力水平。

"全国政协'委员科学讲堂'是由政协委员中最顶尖科学家科普最新科技知识、分享科技发展前沿的大学堂，在紧跟国家高科技发展动态的同时，反映出政协一以贯之地对党和国家最新科技政策和工作推进的及时关注和重点回应。"多次参加该活动的全国政协委员、首都经济贸易大学文化与传播学院教授郭媛媛表示，"委员科学讲堂"不仅是政协活动开展的形式创新，还是政协工作质效的自觉提升、拓展，"它联动政协、带动社会、培育青年，有着政协功能与履职成果的增容、转化与外溢，充分体现出人民政协为人民，人民政协有人民的特色"。

"科学普及是推进科学发展、提高公众科学素质、挖掘和解决科学困惑的重要途径。"全国政协教科卫体委员会副主任王志刚表示，下一步，全国政协将继续邀请委员中的有关专家，面向社会举办不同方面的科普讲座，普及科学知识、倡导科学方法、传播科学思想、弘扬科学精神，提高社会大众科学素质，在青少年心中播下科学的种子、激发科学梦想，培养创新思维和探索精神，为助推经济发展、形成热爱科学崇尚科学的社会氛围作出政协贡献。

（《人民政协报》2024 年 5 月 20 日　记者 孙金诚）

带你读懂进化论的前世今生与未来

  2024 年 6 月 26 日下午，中国宋庆龄青少年科技文化交流中心未来剧院座无虚席。全国政协领导、有关专委会负责同志、部分在京全国政协委员，北京市和西城区、海淀区政协委员代表，还有来自全国政协机关、教育部、中国科协、中国宋庆龄基金会的有关同志，部分科研工作者和大学、中学、小学师生代表等 500 余人坐在台下，对即将开始的全国政协"委员科学讲堂"讲座翘首以盼。

  3 点整，全国政协常委、中国科学院院士周忠和走上讲台，一场以"进化论与人类未来"为主题的科普讲座正式开讲。

  "进化论的一个奇特好笑的特点，是每一个人都以为自己懂得进化论。"

  "进化论是一张沙发，谁的屁股坐在上面，他就变成什么形状。"

  一开场，周忠和就以这样两个"奇怪"的论述激起了大家的好奇心。大家全神贯注，细听他详述生物进化的神奇历程。

  从"达尔文与拉马克的区别""进化论的常见误解"到"进化有方向性、进步性"，从"生命的起源""我们是谁"到"我们今天在哪里""我们向哪里去"，周忠和用自己专业的学科知识带领大家一步步、一层层地揭开进化论的神秘面纱，了解生物进化的神奇历程。一个个深奥的命题，在他的讲解下，变得微观具象；一个个鲜活的案例，拉近了听众与进化论之间的距离，更激发了学生们崇尚科学的兴趣。

90 分钟的讲座一结束，大家就争先恐后举手提问。

"所有的生物都在进化，为什么只有人类拥有这么高超的技术？"

"核废水中生物的变异和正常的进化有什么区别？"

"人类是逐渐向好演化的吗？针对人类未来的进化，我们现在能做点什么？"

"进化论能否作用于人工智能？人工智能的进化在人类未来的进化中可能扮演怎样的角色？"

……

同学们基于不同的关注点和学科背景争相求解，现场气氛快速而持久地炽热起来。

周忠和耐心细致地为学生们答疑解惑，一问一答中，进化论不再遥远陌生，学生们的科学知识和科学素养也得到了增长与升华。

"周忠和院士通过自己的深入研究和跨界思维把对不同学科的思考结合起来，梳理了进化论和其他新学说之间的关系，给今天在座不同领域的人都带来了非常有益的启发。"海淀教师进修学校附属实验学校学生李陈正帆表示。

"进化生物学是一门科学，但它的影响已经远远超越了科学界，并对诸多人文、社会科学领域的发展产生了广泛而深远的影响。从科学出发跨界探究人文、社会发展的历史对未来或许会产生重要的启示。"北京师范大学生命科学学院研究生王丽博说。

科学普及一头连着科学工作者，一头连着社会公众，是推进科学发展、提高公众科学素质、挖掘和解决科学困惑的重要途径。全国政协坚持以人民为中心的发展思想和"人民政协为人民"的理念，认真开展委员履职"服务为民"活动，邀请委员中的大家、专家、名家，面向社会举办不同层次的科普讲座，激发青少年崇尚科学、探索未知的兴趣，促进全民科学素质的提高。

"作为一名全国政协委员、一名科技工作者，助力科普、传授科学知识是职责所在，也是履职尽责的分内之事。"周忠和表示。

"下一步，全国政协将继续以优质丰富的内容和喜闻乐见的形式，为提高社会大众科学素质，为我国科技人才提供后备力量，为助推经济发展和社会进步、形成热爱科学崇尚科学的社会氛围作出政协贡献。"全国政协教科卫体委员会副主任徐延豪表示。

（《人民政协报》2024 年 6 月 27 日　记者 吕巍）

带你探寻芯片的"前世"与"今生"

"如果说钢铁是工业化时代最基础的产品，那么芯片就是信息化时代最基础的产品。"

"芯片问题是事关百年发展的长期战略问题，不是短期应急问题，必须持之以恒去发展。"

"要充分发挥制度优势，集中优势队伍持续攻关。"

"要敢于开辟新赛道，打造新生态，推进'再全球化'。"

······

2024年9月25日下午，宽敞明亮的全国政协礼堂里，十三届全国政协委员、教科卫体委员会副主任曹健林正站在舞台中央巨大的显示屏前，以"同心协力，补短扬长，开拓中国特色的集成电路产业发展道路"为题，为坐在台下的全国政协委员、地方政协委员、高校学生、科研工作者等700余名观众作科普讲座。

这是全国政协"委员科学讲堂"科普讲座，是全国政协充分发挥人民政协人才荟萃、智力密集的特点和政协委员的专业优势，认真落实政协委员密切联系和服务界别群众的职责任务，积极展现政协委员为国履职、为民尽责政治担当的又一次生动实践。

曹健林是科技部原副部长、"极大规模集成电路制造装备及成套工艺"（02专项）光刻机工程指挥部总指挥。现任中国集成电路创新战略联盟理事长的他，曾任中国科学院长春光机所所长、中国科学院光电集团筹备组组长、中国科学院光电研究院院长，多年来，一直与我国集成电路产业的发展一路同行。

此次讲座中，曹健林从集成电路特别是整个集成电路产业链三大重要环节，设计、制造和封装测试，以及组装、装备和材料等领域的堵点难点回顾了我国集成电路产业发展的艰辛历程；从发展的优势和差距分析了我国集成电路产业的前景和趋势；从统筹教育科技人才体制机制一体改革角度，提出进一步完善新型举国体制、推动科技创新和产业创新深度融合等建议。不仅回应了大众关注的热点和难点问题，也展望了我国集成电路产业的未来发展和广阔前景。

"紧密协同才能赢得共赢，主动创新才能自立自强。让我们攻坚克难，久久为功，不断开拓中国特色的集成电路产业发展道路。"曹健林以这样一句话结束了近90分钟的讲座，博得观众的阵阵掌声。

掌声落下，手臂举起。不等主持人宣布互动环节开始，观众们就已经开始"抢夺"提问机会。

"AI赋能下一代集成电路产业，最可能在哪个环节实现核心技术突破？"

"当前集成电路产业在关键材料方面存在短板难题，对于材料专业的研究生而言，应该以怎样的心态积极应对并全力投身于该领域的研究与创新工作之中？"

"季华实验室在新型显示装备、半导体技术与装备、高端数控机床三大研究方向上取得了一系列科研成果与突破，这些成果对提升我国集成电路产业国际竞争力有何重要意义？"

......

学生们对于集成电路产业的浓厚兴趣让曹健林越发兴致勃勃，他用鲜活、易懂的语言对大家的提问一一进行了专业回答，充分满足学生们对科学的渴求。同时也跟大家分享了他对于科学研究的认知：以国家需求为自己的奋斗目标，不好高骛远，step by step（一步一步来）。

热烈的掌声再次响起。

"曹委员为我们上了一堂生动的科普课，让我对中国集成电路产业发展的昨天与今天有了更深的了解和思考。"

"内容丰富、深入浅出，既有广度又有深度，听得很过瘾。"

走出会场的时候，大家兴奋而满足。

普及科学知识、倡导科学方法、传播科学思想、弘扬科学精神，提高社会大众科学素质，在青少年心中播下科学的种子，为我国科技人才提供后备力量，为助推经济发展和社会进步、形成热爱科学崇尚科学的社会氛围作出政协贡献……全国政协正用一场场高质量的委员科学讲堂努力达成着这些目标。

（《人民政协报》2024 年 9 月 26 日　　记者　吕巍）

逐"绿"前行 "碳"路未来

　　2024 年 11 月 19 日下午，中国矿业大学（北京）学院路校区科技会堂四层报告厅座无虚席，部分全国政协领导同志和全国政协委员、地方政协委员、中国科协有关人员、科技工作者、师生代表等共 800 余人一起，聆听一场题为"'双碳'目标与生态系统固碳"的科普讲座。

　　这是全国政协举行的"委员科学讲堂"活动，是"委员科学讲堂"第四次走出政协、第三次走进学校。

　　"今天的主讲人朴世龙是北京大学副校长、中国科学院院士，期待领略院士的风采。"

　　"我拜读过他的很多文章，今天终于能见到本人了。"

　　"感觉达成'双碳'目标不容易啊，不知道朴院士会讲什么好办法。"

　　"我想知道我们普通人能为生态系统固碳做些什么。"

　　……

　　3 点整，在同学们兴致勃勃的讨论声中，全国政协常委朴世龙走上讲台，"碳"索之路正式开启。

　　20 世纪以来，全球平均温度急剧增暖。2020 年 9 月，中国向世界郑重宣示：力争 2030 年前实现碳达峰，2060 年前实现碳中和。在

"双碳"目标背景下，生态系统固碳受到空前关注，成为各国政府、学术界、公众共同关心的热点议题。

"提到固碳中的'碳'，大家一般会想到是二氧化碳，其实甲烷和氧化亚氮的增温潜力远大于二氧化碳，它们都是温室气体，是全球升温的'元凶'。"

"经济高速增长与高质量经济转型齐头并进、能源资源禀赋以煤炭为主、从碳达峰到碳中和的时间短、我国技术创新能力与发达国家相比尚有差距……要成功应对这些挑战，必须依赖基础科学的引领、颠覆性技术的牵引、政策管理体系的保障。"

"说到生态系统固碳、减少温室气体排放的路径，人们最先想到也最熟知的一定是植树造林。事实上，草地恢复与放牧管理、农田氮肥管理、水稻田排水管理、湿地恢复等路径，在提升生态系统的净碳汇能力方面也发挥着重要作用。"

……

朴世龙从人类活动是当代气候变暖的主因讲起，引出应对气候变化全球各个国家采取的系列行动——在此背景下，中国为落实《巴黎协定》提出了"双碳"目标；从碳排放量的角度，指明我国实现"双碳"目标面临的三大挑战以及亟待解决的科学、技术和政府管理难点；围绕碳循环、碳收支、碳汇等方面介绍了生态固碳，最后强调加快构建中国陆地生态系统碳汇可持续的管理体系，并提出了针对性的建议。报告内容丰富、主题鲜明、数据翔实、深入浅出，既有理论上的深刻感悟，又有鲜活生动的实例，为观众上了一堂生动的科普课，让大家对全球变化和"双碳"目标有了更加深刻的理解和认识。

虽然讲座持续了一个半小时，信息量已经很大，但主讲人单方面的阐释还是没有充分满足台下观众强烈的求知欲。互动环节开始后，现场的气氛分外热烈。

"您如何看待矿区生态修复与土地复垦的固碳潜力？矿区应如何助力我国'双碳'目标实现？"

"从更准确测算碳汇的角度，您觉得现阶段的遥感数据还存在什么不足？还有哪些改进方向？"

"您对陆地碳汇进行了详尽的讲解，我想请教海洋碳汇如何测算。"

······

问得精准，答得专业。朴世龙认真细致地回答了每一个问题，用自己的专业知识、实践经验回应大家对我国"双碳"目标的关切，真正实现思想上的碰撞与交流。一问一答中，"碳"路者的足迹也逐渐清晰。

"听了朴院士的讲座，我觉得加强对气候变化、碳循环等基础领域的科学研究非常重要，应加大碳捕获、利用与封存等技术攻关，进一步深入推广使用新能源技术。"

"这个讲座听得太值了！无论是对理论的延伸还是对思维的拓展，都有特别大的收获。"

矿业大学的师生们说出了台下观众的心声。

科学普及是推进科学发展、提高公众科学素质、挖掘和解决科学困惑的重要途径。全国政协一直通过"委员科学讲堂"平台，为推进科学发展、提高公众科学素质、挖掘和解决科学困惑贡献智慧和力量。

"未来，全国政协将继续邀请政协委员中的大家、专家、名家，面向社会举办不同层次的科普讲座，努力把'委员科学讲堂'

办得更好、更精彩，办出政协特色、办出委员风采。"全国政协教科卫体委员会副主任王志刚表示。

（《人民政协报》2024 年 11 月 20 日　记者 吕巍）

点亮人类能源的未来之光

    2024 年 11 月 28 日，是全国政协"委员科学讲堂"开讲的日子。这一次，全国政协将讲堂的"讲台"搬出了北京，搬入了河北大学（七一路校区）。

    "听说这是'委员科学讲堂'首次在京外举行，我们何其幸运，可以在家门口尽享这场科普盛宴。"

    "我早就听说过张杰院士，他不仅是中国科学院、德国科学院、发展中国家科学院院士，还是英国皇家工程院和美国科学院外籍院士，简直不要太牛！"

    "我对今天讲座的主题特别感兴趣，激光聚变，既高深又前卫，我有很多疑问待解。"

    上午 9 点，距离讲座开始还有半个小时的时间，河北大学图书馆一层报告厅已经座无隙地。除了河北大学的师生，还有部分住河北省的全国政协委员、中国科协有关同志、河北省政协委员、保定市及所辖区县政协委员、各民主党派、人民团体及有关单位同志，500 余名观众对即将开讲的科普讲座翘首以盼。

    "大家好！我是张杰。很多人都知道我曾在上海交通大学做过十多年的校长，但知道我是研究激光聚变的科学家的人却不多。今天我能'本色出演'，以'用激光聚变点亮未来'为题为大家分享激光聚变的前世、今生和未来，非常荣幸。"9 点 30 分，张杰走上讲台，以一段简短却特别的开场白开始了他的精彩讲座。

在技术高速发展的今天，激光聚变备受瞩目，这一领域的研究正在为人类的未来能源提供新的选择。

激光聚变的原理是什么？当前国际发展现状如何？什么是双锥对撞点火方案？迈向双锥聚变能，我们面临着什么样的机遇和挑战？站在巨大的显示屏前，张杰从能源技术变革对人类文明进步的重要作用分析讲起，介绍了聚变能的发展历史与未来发展趋势，告诉大家聚变能是支撑人类社会可持续发展的终极能源，并展望了我国迈向聚变能时代的机遇与挑战；通过深入对比我国双锥对撞点火方案与美国国家点火装置所采用的中心点火方案，阐明了双锥对撞点火方案的特点和自身优势；最后为大家描绘了双锥对撞聚变能三步走总体战略，讲座内容丰富、数据翔实、论证充分，不仅体现出其严谨的治学态度和深厚的学术功底，也让大家对激光聚变的前景满怀憧憬。

"激光激发形成的热等离子体的温度和密度是多少？形成热等离子休的密度与磁约束等离了体相比哪个更高？"

"激光靶丸的结构和材质是什么？提高靶材质量的关键技术是什么？"

"与现有火电与光伏发电相比激光核聚变成本如何？安全性如何？"

......

讲座结束后的互动环节，台下观众的问题一个接着一个。张杰一边惊讶于问题的专业性，一边给予每一位提问者最详尽的回答。他告诉大家，任何新的技术都是在不断的实验与失败中逐渐完善的。虽然激光聚变看似离我们还有一定距离，但随着技术的不断进步，激光聚变的实现或许就在不远的将来。

同时，张杰也分享了他对于物理学、对于从事物理学研究的理解与体会。"对于孩子来说，好奇心就像一颗科学的种子，因此，每一颗好奇心都值得老师去小心呵护，帮助他树立起任何事情都是可以被理解的观念。物理学其实就是人类对于什么都想理解的渴望，从这个角度来说，人人都是物理学家。"

报告厅响起热烈的掌声。

"能源供给既要安全可靠，也要清洁低碳，还要经济可承受，发展聚变能是必然选择。今天的讲座讲得很明白，我国应围绕激光聚变、磁约束核聚变等各条技术路线的核心科学问题和关键技术进行集中攻关。"一位河北省政协委员表示。

"今天张院士的讲座给了我很大的启发，原来'晦涩'的物理也可以讲得如此生动。我回去以后要好好研究改善我们学校的课堂教学，让数学、物理等课程能够更有趣、更有吸引力。"一位来自一所九年一贯制学校的校长如是说。

普及科学知识、倡导科学方法、传播科学思想、弘扬科学精神，提高社会大众科学素质，在青少年心中播下科学的种子、激发科学梦想，科普工作的战略价值和社会意义巨大，而开展科普工作，人民政协有着天然的优势。

"政协委员里有大批科技界的代表人士，有责任有义务带头开展科普工作。下一步，我们会继续邀请委员中的大家、专家、名家，面向社会举办不同层次的科普讲座。为助推经济发展和社会进步、形成热爱科学崇尚科学的社会氛围作出政协贡献。"全国政协常委、教科卫体委员会副主任王志刚表示。

（《人民政协报》2024 年 11 月 29 日　记者 吕巍）

统　　筹：辛广伟
责任编辑：池　溢
装帧设计：汪　阳
责任校对：张　莉

图书在版编目（CIP）数据

全国政协委员科学讲堂文集．第一辑 / 全国政协办

公厅编．-- 北京：人民出版社，2025. 7. -- ISBN 978 - 7

- 01 - 027474 - 4

I. D627-53；N4-53

中国国家版本馆 CIP 数据核字第 2025AF5294 号

全国政协委员科学讲堂文集

QUANGUO ZHENGXIE WEIYUAN KEXUE JIANGTANG WENJI

（第一辑）

全国政协办公厅　编

人民出版社 出版发行

（100706　北京市东城区隆福寺街 99 号）

北京中科印刷有限公司印刷　新华书店经销

2025 年 7 月第 1 版　2025 年 7 月北京第 1 次印刷

开本：710 毫米 × 1000 毫米 1/16　印张：20.5　插页：3

字数：204 千字

ISBN 978 - 7 - 01 - 027474 - 4　定价：98.00 元

邮购地址 100706　北京市东城区隆福寺街 99 号

人民东方图书销售中心　电话（010）65250042　65289539